中国特色乡村振兴研究丛书

主编 / 黄承伟 向德平

中国特色
乡村治理

ZHONGGUO TESE
XIANGCUN ZHILI

王晓毅 王红艳 蒋 培 / 著

版
HAN BOOK

武汉出版社

WUHAN
PUBLISHING
HOUSE

（鄂）新登字08号

图书在版编目（CIP）数据

中国特色乡村治理 / 王晓毅，王红艳，蒋培著. -- 武汉：武汉出版社，2024. 12. --（中国特色乡村振兴研究丛书 / 黄承伟，向德平主编）. -- ISBN 978-7-5582-7220-2

Ⅰ. D638

中国国家版本馆 CIP 数据核字第 2024PW5486 号

中国特色乡村治理

著　　者：王晓毅　王红艳　蒋　培

责任编辑：刘沁怡

封面设计：刘福珊

出　　版：武汉出版社

社　　址：武汉市江岸区兴业路 136 号　　邮　　编：430014

电　　话：（027）85606403　　85600625

http://www.whcbs.com　　E-mail: whcbszbs@163.com

印　　刷：湖北金港彩印有限公司　　经　　销：新华书店

开　　本：787 mm×1092 mm　　1/16

印　　张：14.25　　字　　数：185 千字

版　　次：2024 年 12 月第 1 版　　2024 年 12 月第 1 次印刷

定　　价：72.00 元

MULU 目 录

导 言
乡村振兴与乡村治理现代化

　　治理有效是乡村振兴的总要求，习近平总书记在党的十九大报告中明确指出："要坚持农业农村优先发展，按照产业兴旺、生态宜居、乡风文明、治理有效、生活富裕的总要求，建立健全城乡融合发展体制机制和政策体系，加快推进农业农村现代化。"[①] 社会的正常运行需要良好的社会秩序，只有保持良好的社会秩序才能促进社会发展，从这个意义上说，治理有效既是乡村振兴的目标，也是乡村振兴的保障。

　　乡村治理有两个含义。一是作为过程，乡村治理就是建立乡村权威、维持乡村秩序、满足乡村居民需求的行动过程。乡村居民的生产生活需要良好的社会环境，创造一个良好的社会环境是乡村治理的目标，为此需要建立健全各项制度，保障居民的权利，使社会有序发展。二是乡村治理也是一种状态，是与管理或统治不同的社会运行机制，在治理过程中强调多方行动主体的参与，其目标在于实现善治。[②] 不管是作为一个过程还是一种状态，乡村治理在中国并非一个新的现象，尽管治理的概念只在近 30 年来才被广泛使用。

---

① 习近平：《决胜全面建成小康社会　夺取新时代中国特色社会主义伟大胜利——在中国共产党第十九次全国代表大会上的报告》，《人民日报》2017 年10 月 28 日第 1 版。

② 俞可平：《治理和善治：一种新的政治分析框架》，《南京社会科学》2001 年第9 期。

作为一个过程，任何社会要维系都离不开治理，中国乡村能够在数千年来生存延续，离不开乡村治理的作用，没有治理的乡村就是单独个体的集合体，而非社会。任何一个社会都不可能简单依靠丛林法则存在，一定有其内在的治理体系，从2000多年前的乡村"三老"，经过封建的宗法制度、保甲制度，到近代的乡村建设，中国有着丰富的乡村治理经验。作为一种状态，从古至今乡村都不是由政府单向统治的，乡村的社会秩序主要依靠乡村内生的力量来维系，乡村社会有自身的权威、秩序和规则，然而这些内生的力量并非独立于政府之外，而是与政府有着错综复杂的联系。事实上，不仅中国的乡村依靠内生力量维系社会运行，其他前现代的乡村社会也如此，其原因在于传统社会中政府没有足够的人力和财力对乡村进行直接统治。

乡村社会有其内在的运行规律，但是在现代社会经济发展中，乡村的社会结构发生了快速变化，这对乡村治理提出了新的要求。党的十八大以来，党和政府发布了一系列有关乡村治理的文件，对乡村治理提出了新要求、新思路，以适应乡村社会结构的变化，并推进乡村振兴。在乡村振兴和农业农村现代化过程中，提升乡村治理的效能是关键，没有有效的乡村治理，乡村振兴就无从谈起，也不会有农业农村的现代化。乡村振兴需要有效的乡村治理，农业农村现代化也包含乡村治理体系和治理能力的现代化。从这个意义上说，乡村治理体系和治理能力的现代化是农业农村现代化的手段和目标。

现代化是中国长期以来所追求的发展目标，在20世纪70年代提出的四个现代化的目标中，农业现代化是重要目标之一。当时对于农业现代化的理解更多停留在技术层面，希望通过技术水平的提高增加农业产出。为了与机械化和规模化的农业现代化图景相适应，农民被组织起来，形成超越小农户的规模化的生产单元。在决策者看来，通过组织化可以扩大农业生产规模，推动农业现代化的实现。而在人民公社时期，乡村组织带有准军事化的特点，从名称来看，公社带有乌托邦的色彩，生产大队和生产小队是模仿军事组织建立的。高度的组织化是为了提高生产效率，让有限的土地生产尽可能多的农副产品。在效率优先的社会架构下，复杂的乡村社会被组织进统一的框架内，通过社会组织的高度一致性，实现了简单和标准化的社会治理。通过组织扩大生产单位的规模，发挥合作的优势，完成了许多分散小农户难以完成的工作，如乡村的农田水利建设，但是集中的规模化也带来诸多问题。

农民高度组织化和农业生产低水平存在诸多矛盾，不仅农业投入少，不足以支持现代化的农业，而且大量农村人口的存在决定了以减少农村劳动力为前提的现代化农业不可能实现。面对发展的现实问题，国家通过改革重建了以小农户为主的农业经营模式，高度组织化体系随之解体，乡村恢复了村—户的结构，乡村治理也从国家高度控制的组织化重新回到乡村的自治。我们在观察20世纪80年代开始的农村改革时，可以看到中国在农业农村现代化过程中的起起伏伏，有突进，也有暂时的停滞。80年代的农村改革是对大规模组织化的否定，农户重新成为农业生产经营的主体。相应的，乡村治理也重新回到村庄自治的时代，尽管引入了民主选举、民主决策、民主管理和民主监督机制，但是不管在制度上如何强调村民自治，仍然无法改变乡村精英控制和管理乡村的事实格局。当国家权力从乡村中逐渐后退，乡村就成为各方力量角逐的场所，村民选举赋予了乡村精英经营乡村的权力，传统大家族的代表可以通过人口优势获得治理乡村的权力；那些经济实力雄厚的人也可以用经济手段获得治理乡村的权力。这些乡村精英获得权力以后的表现不尽相同，一些精英可能会成为乡村的庇护者，维持乡村的社会秩序，保持乡村的公平，维护乡村的利益；也有的精英利用其权势欺压群众，截留资源，蜕变成乡村基层的黑恶势力。

党的十八大以来，中国进入发展的新时代，国家逐步增加在乡村的投入，建立乡村的公共服务体系，经过精准扶贫和全面实施乡村振兴战略后，乡村发生了根本性的变革。农业农村现代化也带来了乡村治理的现代化，乡村经济的发展、城乡之间的流动为乡村治理带来了新的背景，乡村治理的目标和治理原则也相应产生了新的变化。

一、新时代乡村治理现代化的背景

经过 20 世纪 80 年代的农村改革、21 世纪之初取消农业税费和党的十八大以来全面建成小康社会，中国进入全面建设社会主义现代化的阶段，中国的农业农村也进入到一个新的发展时期。新时代的乡村治理面对着与以往不同的背景：首先是乡村社会结构的变化，乡村人口的流动和人口的减少为乡村治理提供了新的背景；其次，乡村与国家、乡村与市场、乡村与农民的关系发生了根本性的变化，国家的投入成为农业农村现代化的重要动力，农业农村的市场化水平空前提升，项目进村和资本下乡以及农民返乡的现象并存；再次，村庄在发展过程中呈现出多样性，这种多样性与原来受区位特征和文化传统所决定的区位性不同，更多地体现出具有不同的发展机会和进入新的发展阶段；最后，乡村的治理手段发生了变化，技术的进步为乡村治理提供了更加便捷的途径。

（一）人口流动对乡村治理产生影响

进入 21 世纪以来，中国城市化快速推进，开始出现农民的高速社会性流动。第七次人口普查数据表明，按照居住地分类，2020年中国的城市化率已经达到了 63.89%，尽管按照户籍分类的城市居民只有 45.4%。[①]乡村人口减少和城乡人口流动的增加，对乡村治理产生了深刻影响。

1. 人口流动使原有的乡村治理手段难以满足治理需求

在城市化率达到 64% 的时候，只有 36% 的人口居住在乡村，却有近 55% 的人口户籍在乡村，这意味着有近 20%，也就是超过 2.5 亿的人口属于乡村人口但并不在乡村稳定地生活。这些人口是因为户籍而保留了农民的身份，这种身份使他们享有乡村居民的权利和收益，但是长期不在村内生活使他们很少行使村民的权利和承担相应的责任。比如他们有选举权，但是因为常年在外地，或者对村内事务缺乏关心，或者对村内事务缺乏了解，在选举时难以全身心地参与。甚至有些村庄为了达到法定的人数要求，不得不采取电话投票、流动票箱或委托投票等方式，让那些常年在外的村民参与投票。大量人口常年在外不仅使民主选举遭遇困难，民主管理和民主监督也同样遇到问题，因为管理和监督是日常工作，需要近距离开展，常年在外就使管理和监督流于形式，无法真正落实。一些村民甚至村庄的主要领导也不能保证常年在村，他们或者在县城购买了住房，或者有一些自己的产业，这造成他们更多的时间是在村庄之外，即使现在许多地区要求村两委干部要有固定的上下班时间，村主要领导上班时间要在村里处理村庄事务，现实是他们与村庄的关系已经不再如过去那样密不可分了。

---

① 国家统计局、国务院第七次全国人口普查领导小组办公室：《第七次全国人口普查公报（第七号）——城乡人口和流动人口情况》（2021 年 5 月 11 日），http://www.gov.cn/xinwen/2021-05/11/content_5605791.htm。

2. 人口流动带来了治理人才的缺乏

大量人口外流，且外流的人口大多是乡村的能人，包括那些善于经营、有广泛社会关系的人，还有青壮年、受教育水平高的人，等等。乡村治理需要能力强的人，特别是村庄的主要领导，要能够了解村庄的情况、熟悉政府的政策，具有带动力，在村民中有较高威信，但是这些人才大量外出，致使一些村庄在选拔干部时候遇到困难。当前的乡村治理不同于传统社会的乡村治理，传统社会可以依赖老年人的智慧和知识积累，他们只要有丰富的经验且办事公正，就能熟练地处理乡村的公共事务，解决乡村生活中的各种问题。但是在一个快速发展的社会中，传统的经验和知识不足以解决新的问题，特别是在村庄的产业转型、政府加大投入和外来资本进入的背景下，需要人们具有新的知识和新的能力来应对这一系列问题。一些村庄干部老龄化，这在传统社会也许不是问题，但在新的社会背景下就出现了问题。一些地方出现的村干部老龄化、年轻后备干部不足等问题，都反映出治理人才不足的困难。

3. 人口外流造成了村庄的结构失调

大量年轻人外流，一些村庄成为留守村庄，出现村庄居民的老龄化和村庄的空心化。这些村庄由于缺乏劳动力，普遍存在发展动力不足的现象，村民的主要收入不是来自村庄的产业，而是依靠外出务工，因此产业发展项目难以吸引村民参与，村民参与社会治理的积极性不高。

人口流动不仅仅是乡村人口向城市流动，在一些经济发展较快的乡村或者城乡接合部，也出现了人口的流入和聚集，出现了"倒挂"的村庄，也就是外来人口超过了本村人口。这些外来人口或者受到本村产业发展的吸引，在村内工作和居住；或者受到乡村较低的住房租金吸引，不在本村就业，但是长期租住在村庄内，大量外来人口对原有以村庄居民为主要对象的治理体系产生了很大冲击。

传统的乡村治理体系是以有清晰的边界为特征的，即有着明确的地域边界和人口边界，但是人口的流动造成边界的模糊，出现具有村民身份但不在村庄生活的人，以及没有村民身份但在村庄生活的人；一些地方还开始出现地域边界的模糊，特别是城市和乡村的双向人口流动增强，甚至出现了城乡融合的趋势。

（二）新时代的共同富裕对基层治理提出新的要求

共同富裕一直是党的农村工作的目标，从中国共产党成立到中华人民共和国建立，中国共产党始终关注全体人民的共同富裕。但是在不同时期，基于当时的社会经济发展水平和特点，共同富裕的具体要求和工作任务也不相同。[①] 中华人民共和国成立以后，中国共产党试图通过将农民组织起来以克服分散小农的不足，促进乡村发展，实现共同富裕。以共同富裕为目标需要基层治理在组织生产和实施再分配中发挥重要作用。在人民公社时期，农村的经济发展水平较低，乡村治理要组织生产，同时要实施社会再分配，保障老年人的生存，维持最基本的医疗和教育。

十一届三中全会以后，党在农村工作的重心是解决农村普遍存在的贫困现象，途径是让一部分人先富起来，手段则是放开搞活。20 世纪 80 年代乡村治理的主要特点就是不断解放思想，让农民从原有的制度束缚中解放出来，充分发挥其自主性，发展出具有活力的农村经济。让一部分人先富起来的策略有效地解决了普遍贫困问题，促进了农村的经济发展。受惠于农村改革的先行，农村经济快

---

① 杨文圣、李旭东:《中国共产党建党百年共同富裕思想的建构逻辑》,《中国延安干部学院学报》2021 年第 4 期。

速发展，乡村的各种社会矛盾因为经济发展而得到缓解。在农村改革初期，随着市场经济的发展，乡村治理的核心是打破人民公社体制的束缚，充分释放农业农村发展的活力，这种农村发展格局也影响了乡村治理的路径选择。

在 20 世纪后半期的乡村治理中，国家最大程度地依靠乡村的自我治理机制。20 世纪 80 年代人民公社解体以后，国家在乡村实施"乡政村治"，通过自治让农民最大可能自己解决乡村的矛盾，回应自身的需求，实现乡村的善治。经济上调动农民的生产积极性，更多地强调通过乡村内在的调节机制维持乡村的秩序。随着城市改革深入，到 20 世纪 90 年代中后期，农村发展中的深层问题日益显现出来，特别是城乡之间发展的不平衡和乡村之间发展的不平衡所引发的问题。此时，缩小城乡之间、区域之间的差距成为中央政府的重要目标。

进入 21 世纪以后，中央政府加大了对农业农村的投入力度，特别是对贫困地区农业农村的投入，直到取消农业税费，乡村发展不平衡的问题才得到了部分缓解。党的十八大以来实施的精准扶贫战略，彻底解决了农村的绝对贫困问题，补齐了全面建成小康社会的短板。脱贫攻坚的意义不仅仅是提高了贫困户的收入，更重要的是实现了底线公平、确立了国家在乡村治理中的地位。保证底线公平，补齐短板的目标决定了政府在乡村的再分配中要发挥重要作用，再分配的职能赋予政府在基层社会更大的责任和权力。

再分配的机制要求乡村治理规范化、透明化，遵从国家的制度安排。但是由于乡村的复杂性，在很大程度上乡村仍然依赖自身的秩序运行，国家关于乡村的一些制度安排又在某些方面强化了乡村精英在乡村治理中的作用，比如政府支持的资源由地方精英分配，在民主选举中出现了家族主义和派别之争。近年来，随着国家在乡村公共服务领域投入增加，大量资金和项目进入乡村，各级政府官员以驻村帮扶、干部挂职、包村包片等方式深入基层，各项制度和规则也开始在乡村普遍建立起来。共同富裕的目标赋予国家更多再分配的职能，这对治理资源下沉基层提出了要求，也为其落实到位奠定了基础。

（三）行政资源下沉基层

学术界用许多概念来阐述当今的乡村治理机制，比如项目制、科层化等，所有这些机制背后都是再分配的职能。当政府所承担的再分配职能较弱时，经济活动主要依靠市场机制，乡村治理也更多依靠乡村自治，乡村自我生成的治理逻辑在乡村治理中发挥主导作用。随着国家在乡村所承担的再分配职能不断提升，国家自上而下的治理逻辑开始发挥主导作用。随着经济资源下沉基层，代表国家权力的行政体制和人力资源也大量下沉基层。

1. 资源、人员和影响下沉基层改变了国家与乡村的关系

国家从产生之初就依赖其人民提供财政收入和徭役人力以维持运行，实现对基层社会的掌控。这种掌控可以通过规制性渗透和服务性渗透两种方式实现。[1] 规制性渗透即国家权威通过国家规则进入乡村，典型的如送法下乡；服务性渗透则是通过对乡村提供服务实现对乡村的管理。国家对乡村管理的强度因为国家的能力变化而出现变化[2]。在传统农业社会，国家并非不想对乡村实施直接的管理和控制，只是因为国家对乡村的服务能力不足，虽依赖于从乡村

---

[1] 陈晓运、张文杰:《新时代乡村有效治理：目标定位、传统模式与路径建构》,《岭南学刊》2019 年第 1 期。

[2] 高寿仙:《"官不下县"还是"权不下县"？——对基层治理中"皇权不下县"的一点思考》,《史学理论研究》2020 年第 5 期。

汲取资源，但管理能力较弱，所以在更多的时候实施简约的治理，即主要依赖地方权威维持乡村的自我运行。

进入 21 世纪以后，特别是党的十八大以后，国家提供公共物品的能力增强，这不仅因为国家经济实力增强，也因为国家发展战略的转变，国家从乡村的汲取者转变成提供者。2006 年停止征收农业税后，农业和农村在国家发展中的作用发生了根本性变化：农业的作用在于保障粮食安全，提高人民的生活水平，国家不向农业征税，反而向农业基础设施、农业生产和农业经营活动提供补贴以保持农业的公益性；农民所从事的农业无需纳税，尽管他们可能还要缴纳非农业的税费；乡村不仅仅是农业生产的空间，而兼具生态保护、休息娱乐等多种功能。同时，所有乡村的发展，都离不开国家资金和政策的支持：乡村的生产生活全方位地依赖国家的支持，农业基础设施改造、大型农业机械购置和农业生产服务等，都需要政府在资金、技术和项目方面的支持；农民的教育、医疗、低保和养老需要政府的高度介入；乡村的基础设施，包括道路、通讯等，都需要国家的规划和支持。

政府在乡村的角色从汲取者到提供者的转换是服务型政府的建设过程，服务型政府需要自上而下地建设通畅的服务体系，从而实现服务的有效传达；同时，服务型政府还需要自下而上的信息反馈机制，从而保障服务的有效性。因此，通畅的信息和政策执行需要行政资源下沉基层。

2. 资源下沉基层带来了农民与村级组织关系的变化

过去村级组织主要是乡村生产生活的组织者，他们在村庄具有较高的权威，依靠自身的优势解决村庄的各种问题，满足村民的需求。随着政府服务职能下沉基层，村级组织的主要职能逐渐向提供服务转变，特别是村级组织的运转经费和村两委干部的报酬由县级统筹后，村级组织的工作形式和工作内容趋于行政化，村级组织作为基层政府功能延伸的作用被加强，其组织实施村庄自治的特色被逐渐淡化。

（四）由于发展基础和发展水平不同，乡村呈现出多样性

多样性是乡村社会的一个重要特征。分布于不同区域、具有不同文化传统的乡村呈现出不同的特征，这些多样性是在传统农业社会中所呈现的多样性。从自然景观到社会经济结构，村庄都呈现出多样性，这些多样性影响了乡村治理模式的选择。比如一些交通不便的地区容易形成村庄内在的凝聚力，村庄内的宗族、传统村庄领袖往往对村庄有较大影响；而一些晚近时期开垦的地区，由于多由移民组成，政府的权威往往比较容易延伸到村庄的日常治理中。此外，旱作区域和稻作区域也会因为对灌溉的要求不同而出现村庄治理结构的不同。

在新时代，尽管传统的资源禀赋和文化对村庄的多样性还存在较大影响，但是对村庄产生影响更多的则是乡村与市场、乡村与城市的关系，以及国家在乡村重构中所发挥的作用。

进入21世纪后，乡村产业最大的变化是来自于市场关系的变化，卷入市场的深度在很大程度上决定了村庄的经济发展水平，一些村庄通过发展乡村旅游、乡村加工业或特色种植业获得了较高的收益，成为富裕村庄；也有一些村庄远离市场，没有特色产业，村民单纯依靠传统的种植业难以维持生计，不得不大量外出寻找就业门路。与城市的关系更是在很大程度上决定了乡村发展的特点，那些距离城市较近、处于城市辐射范围内的村庄，在大量土地被征用以后，生产生活迅速城市化，原来的种植业因为几乎没有土地而无

法维系，一家一户的居住格局被楼房和小区所代替，村庄更像是城市的居民小区；而远离城市的村庄受到城市的影响较少，更多地保留着乡村的特征，却失去了往日的热闹。

此外，国家在重塑乡村中所发挥的作用更加明显，典型的如易地搬迁。易地搬迁意味着乡村同时经历着三重变化：在空间上，从边远的乡村搬迁到交通相对发达、靠近城镇的地区；从产业上，大多从传统的农业转为非农产业；原来由熟人聚集形成的村庄变成了来自不同村庄的人混合在一起。与易地搬迁相似的是合村并居。20世纪90年代开始出现村庄的合并，当时主要是管理层面的合并；到21世纪第二个十年，管理层面上的村庄合并逐渐发展为物理空间上的合并，合并以后的村庄在村民构成和生产生活方式上都发生了巨大变化，开始具有更多城镇化的特征。

乡村多样性的增强为乡村治理提供了更加复杂多样的背景，不同背景的村庄对乡村治理产生了多样性的需求。

（五）信息技术的广泛应用提升了乡村的治理能力

信息无疑对于乡村机制的选择有着重要影响，随着信息技术的发展，国家在乡村的治理能力得到空前提升。与乡村治理相关的现代信息技术大体上包括三种：第一种是信息采集技术，通过信息采集为决策提供信息基础；第二种是信息的综合分析技术，通过综合的数据分析，获得有关治理需求、治理问题等关键性的信息；第三种是信息的公开透明技术，通过信息披露，让公众了解和参与治理。

首先，现代化的信息收集技术解决了许多乡村治理中难以解决的问题。比如土地面积、林地状况、农业的耕作面积或作物品种等信息，通过传统方式很难准确收集，而广泛使用的如现代遥感技术、监控摄像及数据传输技术，则方便了以上信息的采集。再比如秸秆焚烧，由于分布广，依靠原来的人工盯防很难有效管理，而现代遥感技术很容易发现秸秆燃烧点，使及时发现和及时治理秸秆焚烧行为成为可能。现在农村大量的监控摄像头对于震慑犯罪、维护乡村治安发挥了重要作用。现代化的社会治理要基于详细的信息采集，典型的如精准扶贫时期的建档立卡和在拓展巩固脱贫攻坚成果中的监测户信息收集，这些信息的大量采集使乡村治理更加科学和有效。

其次，现代化的信息综合分析技术为治理提供便利。比如分散在乡村、医疗、教育、劳动、公安和民政等多个部门的信息，过去因为没有数字化和相互链接，部门之间信息不能共享，难以在乡村治理中发挥作用。现在随着信息技术的发展和政府对信息的重视，这些部门的数据进入互联网，实现信息共享，并可以依托大数据进行分析，使现代化乡村治理成为可能。

最后，信息的公开透明。基于信息的决策需要透明的信息，政府大力推进信息的公开和透明。在各级政府决策中，信息的公开透明比过去都有大幅度改善，比如涉及村民生活的各种政策和决定，透过政府网络可以顺畅地到达公众特别是决策所涉及的利益相关方。信息的公开透明不仅有助于公众了解党和国家的各项政策，也有利于实现公众对决策执行情况的监督。

二、新时代乡村治理的目标

提升乡村治理效能涉及党组织建设、村民自治的完善，以及提供良好的公共服务和健全治理机制，需要在治理体系和治理能力两个方面实现现代化。《中共中央　国务院关于加强基层治理体系和治理能力现代化建设的意见》中进一步明确："力争用 5 年左右时间，建立起党组织统一领导、政府依法履责、各类组织积极协同、群众广泛参与，自治、法治、德治相结合的基层治理体系，健全常态化管理和应急管理动态衔接的基层治理机制，构建网格化管理、精细化服务、信息化支撑、开放共享的基层管理服务平台；党建引领基层治理机制全面完善，基层政权坚强有力，基层群众自治充满活力，基层公共服务精准高效，党的执政基础更加坚实，基层治理体系和治理能力现代化水平明显提高。在此基础上力争再用 10 年时间，基本实现基层治理体系和治理能力现代化，中国特色基层治理制度优势充分展现。"①当前，乡村治理的目标包括完善乡村治理体系、完善乡村治理机制和提升乡村治理效能三个方面。

（一）完善乡村治理体系

作为农业农村现代化的一部分，乡村治理体系现代化为农业农村现代化提供了保障；作为国家治理现代化的有机组成部分，乡村治理体系现代化是国家治理现代化的基石。现代化的乡村治理体系既不是传统的简约治理，也非科层化的治理，而是带有中国特色的、从实践中逐步形成的乡村治理体系。②这一治理体系与简约化治理不同，其授权来自上级组织，受到上级组织在规制、任务和奖惩方面的制约；又不同于科层制，其服务对象带有社区性，强调治理效能，且分工较弱，强调中心任务。

新时代乡村治理体系带有鲜明的中国特色：第一，对效能的重视。乡村治理的目标是更好地完成上级的任务、解决乡村的问题，为村民提供更好的服务，因此需要及时有效地解决问题，让政策顺畅地贯彻执行，让问题得到及时解决。也因为对效能的重视，尽管有

---

① 《中共中央　国务院关于加强基层治理体系和治理能力现代化建设的意见（2021 年 4 月 28 日）》，http://www.gov.cn/gongbao/content/2021/content_5627681.htm。

② 董磊明、欧阳杜菲：《从简约治理走向科层治理：乡村治理形态的嬗变》，《政治学研究》2023 年第 1 期。

越来越严格的制度规定，但是为了效能，这些制度规定又经常被打破。第二，发挥综合作用。与典型的科层制不同，尽管不同的政府部门和组织都有清晰的职责定位，但是在实际工作中却往往围绕中心任务打破分工的界限，各部门密切协作。与简约化治理不同，越来越多的主体进入乡村治理体系，因此乡村治理要通过协商来体现各主体的利益和声音。第三，外部资源的导入在乡村治理中发挥着重要作用。乡村是个开放场域，各种治理资源下沉基层，成为乡村治理不可或缺的组成部分。以驻村第一书记、工作队和干部包村等方式的下沉具有很高的稳定性，在不同时期以不同的名义持续地存在。

当前的乡村治理体系是融合了中国共产党乡村治理经验、现代社会的科层治理和传统乡村治理的混合体，是中国特色国家治理体系在基层的体现。

建设现代化乡村治理体系主要涉及领导、组织和人才三个方面的问题。

1. 完善乡村治理中的领导力量

中国乡村治理的特色在于分工与综合相结合的执行过程。在乡村治理中，各个部门有清晰的职责，但是要解决乡村治理实践中的复杂问题就需要综合调动各方力量，采取综合的治理手段。这种综合的治理手段不仅是乡村治理中的跨部门合作，在很多时候表现为打破部门界限，对乡村治理资源的全部整合。通常，治理部门上下级有着明确的分工，但是在乡村治理中，往往会打破上下级的界限，实现联动。在一个复杂系统的联动过程中，需要解决的最关键问题是核心的领导力，强有力的领导才能克服部门之间、上下级之间的摩擦，让大家"心往一处想，劲往一处使"。农村基层党组织承担着乡村治理的领导职责，这必然要求基层党组织增强能力、提升威信，在乡村治理中发挥领导作用。

加强党的领导是中国共产党农村工作的重要经验，要加强党的领导，首先要将优秀的农民吸收进入党组织。党组织是由党员构成的，党组织的作用经常体现在每一个党员的身上，只有将优秀的人才吸收进入党组织才能保证党组织充分发挥作用。近年来，在加强乡村治理过程中，许多优秀的人才，包括复员转业的军人、回乡青年、外出经商务工的农民被吸收进入基层党组织，使党在农村的力量得以壮大。从全国来看，发展农村党员受到了高度重视，如表1所示，党的十八大以来，新发展农村党员占当年全国新发展党员数量的近20%。一些村庄的党员年龄老化、一些村庄长期停滞发展党员的现象在近年来得到明显改善。

表1　农牧渔业新发展党员数量及占比情况[①]

年度	农牧渔业发展党员 / 万人	全国新发展党员 / 万人	农牧渔业占比
2013	42.6	240.8	18%
2014	35.2	205.7	17%
2015	34.8	196.5	18%
2016	34.1	191.1	18%
2017	35.8	198.2	18%
2018	38.2	205.5	19%
2019	42.4	234.4	18%
2021	68.7	438.3	16%

其次是强化党支部（党委），特别是支部（党委）书记的选拔和任用。由于农村青年人口外流，在一些村庄存在着程度不同的干部老龄化现象。在传统社会，老年人往往比较有威信，受到村民尊重，能够通过各种方式化解村庄的内部矛盾。在一个相对封闭和稳定的

[①] 根据历年《中国共产党党内统计公报》的数据计算，其中2020年数据官方未公布，历年报告参见共产党员网，https://www.12371.cn。

社会中，老年人在乡村治理中有明显的优势。但是随着村庄的开放，老年人对于新的政策、市场方向和新的技术都存在程度不同的知识层面的不足，特别是一些老年干部在长期的乡村治理中形成了较强的权威，难以进行平等协商，村两委干部，特别是负有主要责任的党支部或党委书记，急需年轻化和知识化。近年来，各地将致富能手、复转军人、外出务工人员和青年毕业学生作为村级干部的主要后备力量，通过系统培训，从中产生村级党组织的带头人。经过多年努力，村两委干部特别是村党支部书记的年龄下降、学历提升，一升一降中，干部的素质明显提升。新华社披露的数据显示，2022年完成新一轮村两委换届选举后，村两委干部的学历明显提升，村两委成员高中（中专）以上学历的占 74%、提高 16.7 个百分点，村党组织书记大专以上学历的占 46.4%、提高 19.9 个百分点；能人比例上升，村党组织书记中本村致富能手、外出务工经商返乡人员、大学毕业生、退役军人等致富带富能力较强的占 73.6%，提高 23.6 个百分点；妇女成员比例上升，在村班子中占 28.1%，提高 7.1 个百分点，每个村班子至少有 1 名妇女成员；年龄普遍下降，村"两委"成员平均年龄为 42.5 岁、下降 5.9 岁，村党组织书记平均年龄为 45.4 岁、下降 3.9 岁，有 35 岁以下班子成员的村占 96.7%。[①] 一些特殊的村庄也采取了特殊的措施，比如在一些规模较大的易地搬迁村庄，由于居民来自不同的村庄，村民之间不熟悉，为了加强基层党组织的领导，由乡镇直接派驻干部作为村级党组织的主要领导；一些村庄由于年轻人口外流严重，难以产生适合的村级党组织主要干部，便采取公开招聘的办法扩大主要干部的选择范围。总之，由

[①] 新华社:《为全面推进乡村振兴夯实筑牢战斗堡垒——全国村"两委"换届工作顺利完成》（2022 年 5 月 22 日），http://www.gov.cn/xinwen/2022–05/22/content_5691762.htm。

于村级党组织在乡村治理中的重要作用，选拔合格的主要领导对于加强党的领导至关重要。

2. 健全乡村组织

在马克思眼中，农民的最大特点是其分散性[1]，而要解决农民分散性的问题只有将农民组织起来。在乡村治理中，有三类组织发挥着重要作用，即村民自治组织、村民经济组织和乡村的群众组织。

村民委员会是村民自我管理、自我教育、自我服务的基层群众性自治组织，实行民主选举、民主决策、民主管理、民主监督。经过近40年的发展实践，以村民委员会为主要形式的村民自治制度逐渐完善，已成为乡村治理的重要组织机构。但是在新的形势下，村民委员会也面临着许多新的问题，如大量村民外出，导致村民大会和村民代表大会难以正常召开；部分村庄缺乏村委会主要干部的后备力量，人才不足；村庄公共事务增加，村委会的工作负担过重；部分村庄村级党组织与村委会的工作不能协调等。在推进乡村治理现代化的过程中，许多地区都在积极探索村民自治组织的建设问题，并取得了成效，大体上有如下有效措施。首先是加强党对村民自治的领导，通过党支部或党委书记与村委会主任交叉任职，以"一肩挑"的方式强化党对村民自治的领导，同时减少两委的矛盾，提升村民自治组织的治理能力；其次，完善村民自治组织的组成，强化自治组织的职能，特别是村民代表大会和村务监督委员会的职责，强化村务管理的民主和公开透明，使村民能够参与和监督村庄的公共事务运行。

村庄与城市社区不同，村庄不仅是村民生活的共同体，也是其

---

① 比如，马克思在《路易·波拿巴的雾月十八日》中将当时的农民比喻为一袋马铃薯。参见《马克思恩格斯选集》第一卷，人民出版社，1995，第677–678页。

生产共同体，村庄有以土地、山林以及资金或企业所形成的集体资产，村民要在村庄中从事生产活动，集体资产管理水平和生产发展的速度对于乡村治理有着直接的影响，因此要实现乡村的善治，就需要培育和发展乡村的经济组织。培育发展乡村经济组织可以有效地管理集体资产，使集体资产保值增值，从而为乡村治理奠定物质基础。集体经济管理的好坏直接关系到村庄社会治理水平的高低，管理得好可以为村民提供福利、化解矛盾，推动乡村治理；反之，就会造成集体资产流失，导致收入不公，也可能导致矛盾的产生和激化。所以集体经济组织的治理能力直接关系到乡村的社会治理。

随着市场经济的发展，乡村各种专业化的经济组织不断产生，如专业化的生产合作社、公司加农户，以及社会化的服务组织，这些组织建立的目的在于组织生产，建立农户与市场的有效衔接，在推动小农户与现代农业的有机结合、推动乡村经济发展中发挥重要作用。这些组织在发挥经济职能的同时，也发挥着社会治理职能。首先，这些经济组织将分散的农户有效地组织起来，使分散的农户能开展集体行动；其次，这些组织也程度不同地保护了小农户的利益。政府对乡村产业发展的政策也是通过这些经济组织得以实现的。据《人民日报》消息，到 2020 年 11 月，全国的农民合作社达到 224.1 万家，坚持以农民为主体，辐射带动近一半的农户。[①] 也就是说，近一半的农民被组织到农民合作社，合作社为他们的生产活动提供了组织保障，他们也通过合作社参与乡村的社会治理。

3. 培育发展多种的农民群众组织

传统的乡村社会有许多群众组织参与社会治理，比如为了保护

[①] 郁静娴、李晓晴：《全国农民合作社达 224.1 万家：辐射带动近一半农户》，《人民日报》2020 年 12 月 30 日第 7 版。

农作物和祈求丰收，农民可能成立青苗会；为了管理跨村庄的水资源，可能成立水会；各种节日庆典形成的群众组织也多种多样。从20世纪80年代以来，一些带有地域特色的群众组织逐渐恢复和产生，比如一些地方成立了老人会，在组织老人们娱乐之余，还支持村里的公共事务，参与公共事务决策；一些地方将妇女组织起来，发挥妇女在乡村生活中的作用；特别是一些娱乐性组织，包括从事体育活动的篮球队、从事节日庆典的龙舟队、秧歌队、广场舞蹈队，等等，不一而足。这些组织不仅丰富了乡村的文化生活，而且为乡村治理提供了组织资源。

农民自发产生的群众组织也有以参与治理为目标的，典型的如红白理事会。在一些乡村，婚丧嫁娶已经成为农民的负担，带来社会风气的恶化，不仅造成农民经济困难，还导致社会矛盾增加。红白理事会通过制定村规民约，培育良好的社会风气，解决因婚丧嫁娶而出现的社会问题。

群众组织更多的是带有娱乐色彩的组织，娱乐性的群众组织把村民组织起来开展多种多样的活动，通过这些活动，聚集村庄人气，增加村民交往，增进村庄的团结，典型的如一些地方的龙舟会，通过龙舟比赛提升农民的组织化程度。

习近平总书记多次强调乡村振兴中的组织振兴，就是要建立结构合理、功能匹配的组织体系，突出基层党组织的领导作用，发挥村民自治组织和经济组织的功能，通过培育群众组织，使村民得到良好的公共服务，积极参与乡村治理。

（二）完善乡村治理机制

在组织健全以后还需要完善乡村治理机制，特别是领导机制、民主协商机制、快速有效服务机制和合理的问责机制，通过不断完善乡村治理机制，使乡村治理中的各个主体发挥作用，提升乡村治理的效能，从而形成良好的乡村治理格局。

1.完善党对乡村建设的领导机制

在健全基层党组织和吸收优秀人才加入党组织以后，乡村党组织的领导能力得到提升，党对乡村治理的领导机制也逐渐形成并完善。

首先，党对乡村治理的领导首先是通过党支部书记和村委会"一肩挑"来实现的。中共中央、国务院印发的《乡村振兴战略规划（2018—2022 年）》明确指出："坚持农村基层党组织领导核心地位，大力推进村党组织书记通过法定程序担任村民委员会主任和集体经济组织、农民合作组织负责人。"党支部、村委会和村合作经济组织是村庄中密不可分的三个组织，如果三个组织不能发挥合力，不仅不利于加强党的领导，还会影响乡村治理的效能。三个组织的统一领导是时代的要求，在目前乡村人口减少而乡村公共事务不断增加的背景下，实现三个组织领导的"一肩挑"，有助于提升治理效率、增加乡村的凝聚力，实现党对乡村治理的有效领导。

其次，"领办"也是加强党对乡村治理领导的重要机制，通过村党支部领办合作社、领办社会服务和领办乡村志愿服务等多种机制，可充分体现党对乡村治理的领导作用。比如党支部领办合作社就突出了两方面的优势：一是体现了党的领导，能够集中人力和财力优势，与政府的各项政策有效衔接，保障合作社的成功；二是体现了合作社的共同致富意义，合作社不仅仅是一个经济组织、是少数专业农民的组织，而且具有社区意义，能够为村庄内大多数村民服务，带动村民共同发展。

此外，通过党员的作用，党的基层组织进入乡村的群众组织发挥领导作用。在一些群众组织比较发达的村庄，大多数群众组织都有党员在其中发挥领导和带头作用。在一些村庄，党员不仅参与群众组织的日常生活，而且与村民建立了固定的联系制度，党员负责联系若干农户，帮助他们解决日常生产生活中的各种问题，或者由党员担任网格负责人，联系网格内的所有农户。

总之，通过党支部和全体党员将党的影响深入乡村的社会经济生活，通过"一肩挑""领办"和"联系"等多种机制，实现了党对乡村治理的有效领导。

2. 完善民主协商机制

《中华人民共和国村民委员会组织法》中规定，通过"民主选举、民主决策、民主管理、民主监督"保障村民的民主权利，在中共中央办公厅、国务院办公厅印发的《关于加强和改进乡村治理的指导意见》中强调"推进民主选举、民主协商、民主决策、民主管理、民主监督实践"。民主协商是近年来乡村治理实践中总结出来的治理机制，同时兼顾了乡村治理的效率和村民民主权力的行使。

乡村生活本来是复杂且多样的，存在着各种利益的竞争和冲突，在传统的乡村社会，往往牺牲弱势群体的利益来维护强势群体的利益，比如存在多个姓氏的村庄，面对人口众多的大姓家族，小姓家族往往选择服从以换取大姓家族的保护。乡村进行市场化改革以后，多元化的利益格局进一步加剧，一些农民借助市场的机遇快速发展起来，成为有经济实力的人；更多普通的农民依靠体力劳动，维持一般的生活。不同的利益群体有着不同的诉求，不同经济地位的农民也存在利益的矛盾和冲突。进入新时代以来，各级政府对乡村的支持力度空前加大，伴随着社会保障在乡村的加强，政府各种支农的资金和项目都在增加，新的利益也会带来新的矛盾和纠纷。

在这种背景下，要保持乡村治理的有效性，就需要建立充分的民主协商机制，使各方利益得到表达，在协调各方利益的基础上实现乡村治理中的充分自治。

民主协商不同于简单多数的民主决策，不主张少数服从多数，而是发现不同利益群体之间的利益协调点，通过协商找到利益的最大公约数，实现保护少数人的权益与满足多数人的利益相一致。民主协商不同于自上而下的决策过程，在乡村治理中不是简单地照搬上级组织的政策、完成上级的目标，而要在协商过程中，基于当地实际，制定出适合当地情况，同时又能够满足上级要求的实施方案。民主协商的结果不是一成不变的，而是在实施过程中基于实施主体的协商而不断改变，以适应不断变化的形势。协商是在协调各方利益基础上的决策机制。

民主协商机制的建立是中国式基层治理现代化的表现。[①] 民主协商机制建立在合作基础上，各方通过协商找到各自利益的共同点，通过各方的合作，追求社会治理中的公共利益最大化。建立在合作基础上的治理不仅可以有效提升基层社会的治理能力，将社会问题化解在基层，而且能保障治理机制的可持续性，形成稳定的社会治理体系。协商机制也是治理成本较低、治理成效较高的机制，因为协商可以减少冲突从而降低成本。此外，民主协商机制比较灵活，有较好的适应性。

民主协商机制建立在信息公开透明的基础上。协商是基于占有的信息判断未来的收益，如果协商各方占有的信息不对称，就很难建立合理的预期，也很难达成协商的一致。因此，信息公开透明是协商机制的基础。近年来乡村治理强调基层治理公开和透明，通过

---

① 张贤明：《民主治理与协商治理：基层治理现代化之道》，《行政论坛》2023 年第 1 期。

网络、会议和公示，乡村的各种决策信息被各方所掌握，从而使参与乡村治理的各方能够更加合理地判断自身的利益，达成乡村治理的协商一致。比如村务公开制度，村庄的重大决策要向村民公开，特别是涉及村级财务的信息要及时向村民公开，村内的集体收入是如何使用的、政府的补贴是如何分配的，这些都要通过村务公开的方式让村民了解。此外，中央农办和农业农村部在乡村治理中推动实施清单制，让村民了解村级组织的权利和义务，通过清晰的权利和义务的分配，使村级组织在行使权力过程中有制度可以遵循，避免出现小微权力的腐败。

在乡村治理中，随着多元主体的进入出现了利益诉求的多元化，各种利益诉求是复杂且变动的，在这种背景下，依靠一套固化的模式难以应对，也难以达成乡村治理的目标。民主协商机制是实现多元共赢的乡村治理最有效的机制。

3. 建立快速有效的问责机制

在多元参与的乡村治理中，政府是主导力量，特别是村两委的工作能力、工作态度和工作力度在很大程度上决定着村级治理的表现。为了提升村级组织的工作积极性，增加村级组织的投入，一整套问责制度被建立起来了。问责制度包括两个方面，一是考核制度，二是对群众需求的快速反应制度。

为了激励乡村干部的工作积极性，实现乡村治理目标，政府对村庄的工作制定了严格的考核制度，各项工作被分解为不同的指标，每年按照指标对照检查村级组织的工作。目标管理有助于实现村庄的持续发展，每年一个目标，通过目标的逐年提升推动村级治理工作的逐年提升；目标管理也为上级政府考核村庄的工作提供了抓手，为了保障目标管理的有效性，上级组织建立了奖惩制度，对实现目标的村庄给予奖励，目标没有完成的村庄则相应受到批评和处罚。

（三）提升乡村治理效能

建立现代乡村治理体系，完善乡村治理机制，最重要体现在乡村的治理效能上。只有提升乡村的治理效能才能更好地满足群众的需求，将问题解决在基层。

1. 提升基层化解矛盾纠纷的能力

乡村治理的目标是满足群众的需求，而群众的诉求多种多样，特别是日常生活中的许多具体问题，需要通过乡村治理加以有效地解决，否则矛盾可能会积小成大、积少成多，增加基层社会的不稳定因素。习近平总书记多次强调，要坚持新时期的"枫桥经验"，"要推进社会治理现代化，坚持和发展'枫桥经验'，健全平安建设社会协同机制，从源头上提升维护社会稳定能力和水平"①。新时代"枫桥经验"的核心在于在乡村治理现代化中加强基层治理能力的建设。枫桥经验首先是提升基层社会化解矛盾的能力，将群众的矛盾纠纷在基层加以解决，避免矛盾扩大。其次，"枫桥经验"重视基层社会问题，以预防为主，将治理工作前移，不是等待问题出现以后再解决，而是在矛盾纠纷出现之前，及时发现苗头、及时化解矛盾。再次，"枫桥经验"强调依靠基层党组织，依靠基层党员群众，依靠基层各方的通力合作，寻找到解决问题的最佳方案。

"枫桥经验"不仅仅是维持社会稳定的经验，更是提升基层解决问题能力的经验。它启发我们要把社会治理的问题化解在基层，

---

① 习近平：《习近平在省部级主要领导干部坚持底线思维着力防范化解重大风险专题研讨班开班式上发表重要讲话（2019 年 1 月 21 日）》，https://www.gov.cn/xinwen/2019–01/21/content_5359898.htm。

就要充分依靠群众，听取群众意见，动员各方力量，有效解决群众的各种实际问题。

2. 对村民的要求及时反馈

近年来，政府的服务体系不断向村庄延伸，更近距离地满足农民的各种服务需求，让群众办事随时都能找到人。过去由于村干部不是专职人员，只有少部分时间处理村庄公务，很多时候村民办事找不到人。近年来村庄管理不断正规化，主要的村干部已经专职化，这在很大程度上方便了群众，使村两委可以快速地回应村民的各种需求。此外，许多村建立了便民服务中心，有专人值守，解决村民生产生活中的各种问题，满足村民大部分的服务需求。随着乡村发展，乡村的各种公共事务越来越多，农民的需求也日益多样化，在这种背景下，能否快速地回应农民的各种问题，就成为党在乡村执政能力的重要体现。

村民的诉求要能够及时传达到村庄的决策层，同时决策层要形成快速的决策机制，解决村民的问题、回应村民的诉求。典型的如北京实施的12345接诉即办机制。12345接到群众的投诉后，就会将投诉的内容分配给相应机构，包括与之相关的村级组织；而相关机构和村级组织在接到投诉内容后需要及时采取措施、加以解决；对于解决的结果，12345会进行回访，并根据投诉者的反馈，确定相关组织机构在回应群众诉求中的表现。这样一整套任务分配和反馈机制，形成了完整的闭环，保障了群众的意见能够得到重视并加以解决。此外，网格制度也被作为及时反馈的重要机制，在乡村治理中普遍应用。一个村庄被划分为若干网格，每个网格有一名党员干部或群众担任网格员，他们有义务将网格内的群众诉求及时反馈给村庄主要干部，并促进问题的及时解决。

快速的回应机制是新时代乡村治理中的重要机制，与之配套的问责制度则为快速回应机制提供了基础，因为问责直接推动村级组织采取积极行动。推动乡村治理体系自动运转离不开有效的问责机制，特别是在中国推进乡村治理现代化的背景下。党的十八大以后，乡村治理资源不断下沉基层，大量人力资源通过驻村帮扶、干部包村等方式进入乡村基层，这对快速回应机制提出了更高的要求。

提升乡村治理效能还体现在处理复杂事务的能力上。乡村事务是复杂的，有些问题可能形成已久，长期得不到解决，已成为乡村治理的老大难问题；有些问题可能超出了现有乡村治理体系的工作范围，涉及政府多个部门，仅仅依靠村级组织或乡镇基层政府难以彻底解决，这就需要多个部门的协作。提升乡村治理效能要以解决乡村治理中的重点和难点问题为目标，使乡村治理体系能够处理复杂问题。

3.动员多方力量，提升乡村综合治理的能力

乡村综合治理能力体现在"三治"融合上，要综合运用法治、自治和德治。乡村法治为乡村治理提供了底线支持，确立了乡村治理的基本准则，法律进入乡村的过程也是外部制度重新形塑乡村秩序的过程，依法办事不仅规范了村民的行为，也为各种社会治理力量的协商和竞争提供了基础；乡村自治的核心是依靠群众，发动群众同心协力，共同解决乡村治理中的问题和难题；德治则反映了乡村的道德自律，依靠文化的力量，强化村民的道德水平，化解乡村治理的问题。

三、继承发扬党的治理经验

中国共产党是通过农村包围城市取得革命胜利的，在其百年历

史中积累了丰富的乡村治理经验，这些宝贵的经验对于提升乡村治理效果、实现乡村治理体系和治理能力现代化，有着重要指导意义。中国共产党的乡村治理经验表明，只有加强党在农村工作中的领导作用，才能实现乡村的有效治理；只有发动和依靠群众，切实保护农民的利益，才能让群众真正满意；只有严厉打击乡村的黑恶势力，才能保持乡村的长治久安。中国共产党的乡村治理一直以大多数农民的利益为出发点，但是在不同时期、依据不同的形式和工作重点，乡村治理的手段和机制在不断创新。在推进乡村治理现代化过程中，乡村治理的理念和目标仍然是造福农民，治理机制和治理手段也在不断创新。

（一）加强基层党组织建设、发挥党组织的领导作用，是实现有效乡村治理的基础

新民主主义革命时期，中国共产党在农村根据地发展农民党员、建立农村党组织，党的基层组织就成为农村工作的领导核心。传统乡村社会的农民，或者是分散的小农户，缺乏组织支持，或者被一些传统组织，如宗族、宗教和地域性组织吸纳，在乡村发展过程中，缺少现代化组织支持的问题越来越凸显。在乡村建立党组织给乡村带来了现代性的组织，党组织将分散的农民组织起来，为农民提供所需要的领导、服务和组织职能，无论在新民主主义革命还是在社会主义建设时期，基层党组织的作用发挥得好，乡村就会有良好的社会风气，保持良好的社会秩序，生产得到发展。正是党的领导将现代化带入乡村。

党的领导首先体现在生产领域，组织农民发展生产一直是党在基层的核心任务，从土地改革、发展互助合作到推动乡村非农产业的发展，再到脱贫攻坚、实现农业现代化，都离不开党在乡村的坚

强领导。只有生产得到发展、群众得到利益，党组织才能得到群众拥护，也才能更好地发挥作用。党的农村工作在任何时候都不能离开产业发展。

党的领导其次表现为对群众组织的领导。乡村中有各种组织，如传统的老年组织、宗族组织、妇女组织、青年组织及经济组织等，这些组织要发挥作用，就需要基层党组织的领导。如果没有党组织的领导和推动，有些组织可能名存实亡，仅存组织的形式却没有开展活动；也有些组织之间可能会产生矛盾，难以形成合力。只有统一在党组织的领导下，不同的群众组织才能各司其职、相互配合，形成推进乡村发展和保持乡村秩序的合力。在革命战争时期，党就通过发展农村的各种组织将农民团结起来，开展各项活动；中华人民共和国成立以后，推动农民组织发展仍然是开展农村工作的重要手段。发动群众、组织群众、领导群众构成了党的农村工作的重要经验。

党的领导还表现为充分发挥党员的带头作用。党员是乡村治理的中坚力量，也是乡村治理的带头人，党组织要将村庄中得到群众拥护、能真心为群众做事情的人吸收入党，所以党员的带头作用在很大程度上引导着村庄的风气和发展方向。要将更多的村民发展入党，通过党的组织生活强化党的观念和党的纪律，从而增强党在农村的力量。如果没有数量众多、符合标准的党员在乡村中发挥作用，党的领导就无从谈起，也不能保障发挥党的作用。

（二）坚持群众路线是党的工作作风，更是党的农村工作作风

群众路线，就是一切为了群众，一切依靠群众，从群众中来，到群众中去。从党成立初始，经过抗日战争和解放战争，一直到中

华人民共和国成立以后，服务农民、依靠农民始终是中国共产党乡村治理的重要经验。

乡村治理要坚持一切为了群众的目标，完善乡村治理的根本目的就是维护农民群众的根本利益。所谓根本利益，首先是多数人的利益，乡村存在着不同的利益主体，存在着矛盾冲突，乡村治理就是要保护多数人的利益；其次，根本利益就是长远利益，短期利益和长期利益存在冲突的时候，短期利益要让位于长期利益，为了长期利益，可以牺牲短期利益；再次，根本利益是群众所认可的利益，任何人都不能代替群众做决定。

维护农民的根本利益要从小事做起，从解决当下的问题做起。群众利益无小事，任何外人看来微不足道的事情，对于农民来说可能都非常重要，不可掉以轻心，维护农民利益要在日常生活的小事中得到充分体现。

乡村事务是复杂的，如果不了解乡村的真实情况就难以真正保护和实现农民的利益，所以在乡村治理中要依靠群众。依靠群众首先是依靠群众的智慧，问计于民，只有农民群众最了解农村的情况，也只有农民知道乡村治理如何才能更加有效，问计于民就是要让村民参与乡村治理，用他们的智慧解决实际工作中的问题。在乡村治理中，民主协商是问计于民的重要手段，在协商过程中，各方发表意见，寻求利益的最大化。其次则是依靠群众的力量。乡村治理不是依靠少数的干部，而是要依赖群众的力量，在乡村治理中发动群众，群众的事情让群众去干。通过群众的舆论引导村庄治理的方向，通过群众的行动实现乡村治理目标。总之，要让群众了解，乡村治理是群众自己的事情，需要所有人积极参与，避免乡村治理成为少数干部或党员的事情。而要依靠群众就要让群众有知情权、决策权，村务公开在乡村治理中非常重要，因为村务公开不仅让村民更加了解村务，有助于村民监督，防止腐败，也让群众有参与感，更愿意投身治理工作。

乡村治理中有许多具体机制，如民主集中制、参与式发展、民主协商等，这些机制本质上都是要让农民了解乡村治理的情况，有发表意见的机会，有参与决策的权力，这也构成了群众路线的基本内容。

（三）打击农村黑恶势力，保护广大农民的利益

传统的乡村往往地处偏远，交通不便，国家政权难以延伸到最基层，逐渐形成乡村自治的传统。但是并非所有的自治都是良好的，一些地方的权力长期被黑恶势力把持，对乡村的稳定和发展产生严重影响；一些地方的经济资源长期被少数人把持，垄断资源，欺行霸市，侵害群众的利益；一些地方的政治权力长期被少数人把持，少数掌握权力的人优亲厚友，贪污腐败；还有一些地方，官员与黑恶势力勾结，长期在乡村为非作歹，农民群众敢怒不敢言。这些现象的存在极大地败坏了乡村的社会秩序，损害了农民群众的利益。中国共产党在乡村治理中，一直把打击黑恶势力作为维持社会稳定、保护群众利益的有效手段。

打击黑恶势力，首先要加强国家在乡村安全保障中的作用，加强乡村警务站点的建设，配备必要的警力以维护乡村的安全，用国家的力量维持乡村的治安。其次，严格干部管理。乡村黑恶势力的存在往往与基层组织和基层干部的腐败有联系，官员成了黑恶势力的保护伞。维护乡村治安要从干部作风抓起，建设好党风、干部作风。此外打击黑恶势力同样要依靠人民群众，建立良好的村风民风。

（四）不断创新是党在新时代农村工作的重点

随着乡村的快速变化，乡村治理的机制和手段需要不断创新。通过创新，国家的治理资源进一步下沉基层，基层社会的活力不断提升，在同样的治理目标和治理任务下，乡村治理在地域和类型上呈现出多样性。

乡村治理是国家治理的基础，治理现代化需要从乡村做起，因此加大乡村治理的资源投入，促进资源下沉基层，是治理创新的重要内容。治理资源下沉基层密切了乡村基层与上级政府的联系，使自上而下与自下而上两种机制都可以更好地运行。来自上级政府的资金和干部支持使上级的发展意图和规划决策更容易在基层得到执行，而大量干部深入基层也使得基层信息能够被顺畅地收集和反馈，从而对上层决策产生影响。在沟通决策层和基层社会的过程中，许多新的机制被建立起来，如驻村帮扶制度、主要领导包村制度、深入基层的调查研究制度，以及群众参与的考核制度等，这些制度密切了上级党委政府与农民的关系，实现了治理资源、群众需求和意见以及党的政策的上通下达。

共治共管是村民自治的核心，通过组织培育、协商机制建立和村民民主监督，形成了许多共治共管的新经验，成为推进乡村治理的重要抓手。从村庄自治到村民自治不能一蹴而就，需要逐渐完善村民参与决策的机制，这个完善的过程为乡村治理创新提供了机会。共治共管首先体现在农民参与村庄管理上，村民通过村民代表会、村民议事会、村民理事会、村民监事会等机制，参与村庄事务的监督和管理；通过手机 APP、微信群等方式，将要求和建议快速地反映给村庄的领导层；更重要的是群众的满意程度被作为评价村庄管理的最重要指标。事实证明，共治共管机制完善的地方也是乡村治理充满活力的地方。在向第二个百年目标迈进的过程中，乡村治理创新的重要问题仍然是如何完善共治共管的机制。

中国的农村居民众多，农村幅员广阔，各地在自然条件、社会发展和经济增长水平等多方面表现出巨大的差异，这决定了乡村治理机制和治理手段的多样性。习近平总书记在党的二十大报告中再次强调要坚持守正创新，这也是开展乡村治理工作的根本要求。守正就是要坚持乡村治理的目标和任务，创新就是为了实现目标和任务而在机制和手段上不断创新。

第一章
新时代乡村治理的根本遵循

　　"以习近平同志为主要代表的中国共产党人，坚持把马克思主义基本原理同中国具体实际相结合、同中华优秀传统文化相结合，坚持毛泽东思想、邓小平理论、'三个代表'重要思想、科学发展观，深刻总结并充分运用党成立以来的历史经验，从新的实际出发，创立了习近平新时代中国特色社会主义思想。"①习近平总书记高度重视乡村治理工作，就乡村治理等相关工作发表系列重要讲话。习近平总书记关于乡村治理和建设的重要论述是习近平关于"三农"工作重要论述和国家治理体系与治理能力现代化重要论述的重要内容，是习近平新时代中国特色社会主义思想的重要组成部分。

　　"今后一个时期，是我国乡村形态快速演变的阶段。建设什么样的乡村、怎样建设乡村，是摆在我们面前的一个重要课题。"②习近平总书记关于乡村治理的重要论述，不但回答了乡村治理的根本目的和基本原则，而且揭示了加强和改进乡村治理的科学路径及方式，为新时代开展乡村治理实践、推动乡村全面振兴提供了根本遵循。本章从乡村治理在国家治理现代化中的地位和作用、一切为了人民的乡村治理理念、加强农村基层党组织建设、强化基层化解矛

----

① 《中共中央关于党的百年奋斗重大成就和历史经验的决议》，《人民日报》2021年11月17日第8版。

② 习近平：《坚持把解决好"三农"问题作为全党工作重中之重，举全党全社会之力推动乡村振兴（二〇二〇年十二月二十八日）》，载《论"三农"工作》，中央文献出版社，2022，第14页。

盾能力、弘扬中华优秀传统文化等五个方面呈现习近平总书记关于乡村治理的重要论述。

一、国家治理现代化中的乡村治理

习近平总书记高度重视和充分肯定乡村的地位和作用，强调要从"两个大局"的高度来理解和把握乡村的角色，指出："从中华民族伟大复兴战略全局看，民族要复兴，乡村必振兴。"[①]"从世界百年未有之大变局看，稳住农业基本盘、守好'三农'基础是应变局、开新局的'压舱石'。对我们这样一个拥有十四亿人口的大国来说，'三农'向好，全局主动。"[②]同时，强调要从中国式现代化高度来理解和把握乡村的角色，指出："必须看到，全面建设社会主义现代化国家，实现中华民族伟大复兴，最艰巨最繁重的任务依然在农村，最广泛最深厚的基础依然在农村。"[③]"即使未来我国城镇化达到很高水平，也还有几亿人在农村就业生活。我们全面建设社会主义现代化国家，既要建设繁华的城市，也要建设繁荣的农村，推动形成工农互促、城乡互补、协调发展、共同繁荣的新型工农城乡关系。这只有在中国共产党领导和我国社会主义制度下才能实现。"[④]此外，他还强调要从

① 习近平：《坚持把解决好"三农"问题作为全党工作重中之重，举全党全社会之力推动乡村振兴（二〇二〇年十二月二十八日）》，载《论"三农"工作》，中央文献出版社，2022，第2页。

② 习近平：《坚持把解决好"三农"问题作为全党工作重中之重，举全党全社会之力推动乡村振兴（二〇二〇年十二月二十八日）》，载《论"三农"工作》，中央文献出版社，2022，第4页。

③ 习近平：《坚持把解决好"三农"问题作为全党工作重中之重，举全党全社会之力推动乡村振兴（二〇二〇年十二月二十八日）》，载《论"三农"工作》，中央文献出版社，2022，第3页。

④ 习近平：《推动新型工业化、信息化、城镇化、农业现代化同步发展（二〇一三年九月——二〇二一年八月）》，载《论"三农"工作》，中央文献出版社，2022，第38页。

共同富裕的高度来理解和把握乡村的角色，习近平总书记指出："党的十九大提出，必须始终让改革发展成果更多更公平惠及全体人民，朝着实现全体人民共同富裕不断迈进。我们要牢记亿万农民对革命、建设、改革作出的巨大贡献，把乡村建设好，让亿万农民有更多获得感，充分调动亿万农民的积极性、主动性、创造性。"①

全面准确理解习近平总书记关于乡村治理在国家治理现代化中的地位和作用的观点，至少需要从以下五对关系来加以把握。

（一）农业农村现代化与整个国家现代化的关系

习近平总书记强调农业农村现代化是国家整体现代化不可或缺的重要组成部分，前者的进程与质量直接影响后者的进程与质量，指出："没有农业现代化，没有农村繁荣富强，没有农民安居乐业，国家现代化是不完整、不全面、不牢固的。"②"我一直强调，没有农业农村现代化，就没有整个国家现代化。在现代化进程中，如何处理好工农关系、城乡关系，在一定程度上决定着现代化的成败。从世界各国现代化历史看，有的国家没有处理好工农关系、城乡关系，农业发展跟不上，农村发展跟不上，农产品供应不足，不能有效吸纳农村劳动力，大量失业农民涌向城市贫民窟，乡村和乡村经济走向凋敝，工业化和城镇化走入困境，甚至造成社会动荡，最终陷入'中等收入陷阱'。这里面更深层次的问题是领导体制和国家治理体制问题。"③强调要坚定不移推进农业农村现代化，习近平总

① 习近平：《书写好中华民族伟大复兴的"三农"新篇章（二〇一七年十二月二十八日）》，载《论"三农"工作》，中央文献出版社，2022，第239-240页。

② 习近平：《推动新型工业化、信息化、城镇化、农业现代化同步发展（二〇一三年九月——二〇二一年八月）》，载《论"三农"工作》，中央文献出版社，2022，第35页。

③ 习近平：《把乡村振兴战略这篇大文章做好（二〇一八年九月二十一日）》，载《论"三农"工作》，中央文献出版社，2022，第274页。

书记指出:"在现代化进程中,城的比重上升,乡的比重下降,是客观规律,但在我国拥有近十四亿人口的国情下,不管工业化、城镇化进展到哪一步,农业都要发展,乡村都不会消亡,城乡将长期共生并存,这也是客观规律。即便我国城镇化率达到百分之七十,农村仍将有四亿多人口。如果在现代化进程中把农村四亿多人落下,到头来'一边是繁荣的城市、一边是凋敝的农村',这不符合我们党的执政宗旨,也不符合社会主义的本质要求。这样的现代化是不可能取得成功的!"[①]习近平总书记强调中国有能力有条件顺利推进农业农村现代化和国家整体现代化,指出:"我国作为中国共产党领导的社会主义国家,应该有能力、有条件处理好工农关系、城乡关系,顺利推进我国社会主义现代化进程。"[②]同时还指出:"发达地区在这方面一定要带好头、领好向,把工业化、信息化、城镇化、农业现代化同步发展真正落到实处。"[③]

(二)农业农村现代化与全面建设社会主义现代化国家重大任务的关系

习近平总书记强调,对于全面建设社会主义现代化国家而言,实现农业农村现代化是其中一项重大任务,应该给予高度重视。习近平总书记指出:"实现农业农村现代化是全面建设社会主义现代化的重大任务,是解决发展不平衡不充分问题的必然要求。要坚持

---

① 习近平:《把乡村振兴战略这篇大文章做好(二〇一八年九月二十一日)》,载《论"三农"工作》,中央文献出版社,2022,第275—276页。

② 习近平:《把乡村振兴战略这篇大文章做好(二〇一八年九月二十一日)》,载《论"三农"工作》,中央文献出版社,2022,第274页。

③ 习近平:《推动新型工业化、信息化、城镇化、农业现代化同步发展(二〇一三年九月——二〇二一年八月)》,载《论"三农"工作》,中央文献出版社,2022,第35页。

把解决好'三农'问题作为全党工作重中之重,全面实施乡村振兴战略。"①另外,习近平总书记强调,在农业农村现代化进程中要着力巩固脱贫攻坚成果和实施乡村振兴战略,指出:"建设现代化国家离不开农业农村现代化,要继续巩固脱贫攻坚成果,扎实推进乡村振兴,让群众生活更上一层楼,在推进农业农村现代化中越走越有奔头。"②习近平总书记还强调要推动"四化"同步发展,充分发挥信息化的积极作用,指出:"党的十九大提出,要推动新型工业化、信息化、城镇化、农业现代化同步发展,这是事关现代化建设全局的重大战略课题。信息化是'四化'同步发展的加速器、催化剂。网信事业代表着新的生产力和新的发展方向,应该在践行新发展理念上先行一步。"③

(三)农村治理体系和治理能力现代化与农业农村现代化的关系

习近平总书记指出,乡村治理现代化是农业农村现代化的重要内容,乡村治理是农业农村现代化的支撑,强调:"全面建设社会主义现代化国家,既要有城市现代化,也要有农业农村现代化。要在推动乡村全面振兴上下更大功夫,推动乡村经济、乡村法治、乡村

---

① 习近平:《实现农业农村现代化是全面建设社会主义现代化国家的重大任务(二〇二〇年十月二十九日)》,载《论"三农"工作》,中央文献出版社,2022,第301页。

② 习近平:《坚决守住防止规模性返贫底线,接续推进全面脱贫与乡村振兴有效衔接(二〇一九年三月——二〇二二年一月)》,载《论"三农"工作》,中央文献出版社,2022,第292页。

③ 习近平:《推动新型工业化、信息化、城镇化、农业现代化同步发展(二〇一三年九月——二〇二一年八月)》,载《论"三农"工作》,中央文献出版社,2022,第37页。

文化、乡村治理、乡村生态、乡村党建全面强起来，让乡亲们的生活芝麻开花节节高。"①在另一场合，习近平总书记更是明确指出农村治理体系和治理能力的现代化是农村现代化的重要一维，强调："新时代'三农'工作必须围绕农业农村现代化这个总目标来推进。……农村现代化既包括'物'的现代化，也包括'人'的现代化，还包括农村治理体系和治理能力的现代化。我们要坚持农业现代化和农村现代化一体设计、一并推进，实现农业大国向农业强国跨越。"②

（四）人的城镇化、人的现代化与现代化的关系

习近平总书记强调人的城镇化是推进现代化的有效途径，人的现代化则是现代化的本质要求，完成这两项任务需要足够的历史耐心。习近平总书记指出："现代化的本质是人的现代化，真正使农民变为市民并不断提高素质，需要长期努力，不可能一蹴而就。一部分农村劳动力在城镇和农村流动，是我国现阶段乃至相当长历史时期都会存在的现象。对这种'两栖人'、候鸟现象不要大惊小怪，也不要恶意炒作。……在人口城镇化问题上，我们要有足够的历史耐心。世界各国解决这个问题都用了相当长的时间。但不论他们在农村还是在城市，该提供的公共服务都要切实提供，该保障的权益都要切实保障。"③习近平总书记为如何推进人的城镇化工作提供了行动指南、划出了重点，指出："要坚持以创新、协调、绿色、开放、共享的发展理念为引领，以人的城镇化为核心，更加注重提高户籍

---

① 习近平：《提高农村基层党组织建设质量，健全乡村治理体系（二○一七年十二月——二○二二年三月）》，载《论"三农"工作》，中央文献出版社，2022，第 228 页。

② 习近平：《把乡村振兴战略这篇大文章做好（二○一八年九月二十一日）》，载《论"三农"工作》，中央文献出版社，2022，第 276—277 页。

③ 习近平：《推进农业转移人口市民化（二○一三年十二月十二日）》，载《论"三农"工作》，中央文献出版社，2022，第 58—59 页。

人口城镇化率，更加注重城乡基本公共服务均等化，更加注重环境宜居和历史文脉传承，更加注重提升人民群众获得感和幸福感。"①习近平总书记突出强调，从制度上保障符合条件的农业转移人口在城市落户安居是推进城镇化进程中的重点工作，指出："我国城镇化正在推进，农民进城还是大趋势。这方面还有很多事情要做，当务之急是让符合条件的农业转移人口在城市落户安居，加快实现基本公共服务常住人口全覆盖。要通过制度保障，让进城的进得放心，让留在农村的留得安心，实现城镇与乡村相得益彰。"②

（五）乡村治理与乡村振兴的关系

习近平总书记强调有效的乡村治理，既是全面推进乡村振兴的重要基础，也是乡村振兴的必然要求和体现，指出："实施乡村振兴战略，要顺应农民新期盼，立足国情农情，以产业兴旺为重点、生态宜居为关键、乡风文明为保障、治理有效为基础、生活富裕为根本，推动农业全面升级、农村全面进步、农民全面发展。"③

需要注意的是，习近平总书记还对如何加强和改进乡村治理作出重要指示，强调要从改善民生、做好组织引领、加强平安乡村建设、用好现代信息技术等方面入手。习近平总书记指出："这次新冠肺炎疫情防控，对乡村治理也是一次大考，各地经受住了考验。目前，我国农村社会处于深刻变化和调整时期，出现了很多新情况新问题，虽然错综复杂，但归结起来就是一个'散'字。加强和改进

---

① 习近平：《加强农村基础设施和公共服务体系建设（二〇一四年三月——二〇二一年八月）》，载《论"三农"工作》，中央文献出版社，2022，第112页。
② 习近平：《走中国特色社会主义乡村振兴道路（二〇一七年十二月二十八日）》，载《论"三农"工作》，中央文献出版社，2022，第244页。
③ 习近平：《走中国特色社会主义乡村振兴道路（二〇一七年十二月二十八日）》，载《论"三农"工作》，中央文献出版社，2022，第241–242页。

乡村治理，要以保障和改善农村民生为优先方向，围绕让农民得到更好的组织引领、社会服务、民主参与，加快构建党组织领导的乡村治理体系。要巩固农村扫黑除恶专项斗争成果，形成持续打击的高压态势。要深入推进平安乡村建设，严厉打击把持基层政权、操纵破坏基层换届选举、侵吞集体资产等违法犯罪活动，依法制止利用宗教、邪教干预农村公共事务。要用好现代信息技术，创新乡村治理方式，提高乡村善治水平。"①

乡村治理是基层治理的重要板块。推进乡村治理现代化、基层治理现代化的过程应该是一个不断创新治理体系、释放和提升治理能力的过程。习近平总书记高度关注和鼓励基层创新，并为基层创新指明了方向、圈定了重点。习近平总书记指出："要鼓励基层大胆创新、大胆探索，及时对基层创造的行之有效的治理理念、治理方式、治理手段进行总结和提炼，不断推动各方面制度完善和发展。需要强调的是，各地区各部门各单位进行制度创新和治理能力建设既要积极主动，又要遵循党中央统一部署和国家法律制度规定，不能不讲规制，不能不守章法，更不能草率行事，关键是把全会确定的目标任务落到实处。"②

二、一切为了人民的乡村治理理念

人民性是我国国家制度和国家治理体系的本质属性。习近平总书记强调了这一观点，并从四个维度对人民性进行了阐释。习近平总书记指出："始终代表最广大人民根本利益，保证人民当家作主，

① 习近平:《坚持把解决好"三农"问题作为全党工作重中之重，举全党全社会之力推动乡村振兴（二〇二〇年十二月二十八日）》，载《论"三农"工作》，中央文献出版社，2022，第16–17页。
② 习近平:《习近平谈治国理政》第三卷，外文出版社，2020，第128页。

体现人民共同意志，维护人民合法权益，是我国国家制度和国家治理体系的本质属性，也是我国国家制度和国家治理体系有效运行、充满活力的根本所在。"①习近平总书记强调，国家制度和国家治理体系的人民性正是其先进性的来源，指出："我国国家制度和国家治理体系始终着眼于实现好、维护好、发展好最广大人民根本利益，着力保障和改善民生，使改革发展成果更多更公平惠及全体人民，因而可以有效避免出现党派纷争、利益集团偏私、少数政治'精英'操弄等现象，具有无可比拟的先进性。"②习近平总书记还对在工作中如何践行人民性提出明确要求，强调要从走好群众路线、发挥群众主体作用、加强相关体制机制建设等方面着力。习近平总书记指出："要坚持人民主体地位，坚持立党为公、执政为民，贯彻党的群众路线，健全人民当家作主制度体系，完善为民谋利、为民办事、为民解忧和保障人民权益、接受人民监督的体制机制，为人民管理国家事务、管理经济文化事业、管理社会事务提供更有力的保障。"③

乡村治理是国家治理的基础与基石，人民性毋庸置疑也是乡村治理制度和乡村治理体系的本质属性。对于在乡村治理中如何践行以人民为中心理念，习近平总书记主要强调以下几点。

（一）增进乡村民生福祉

习近平总书记强调要重视民生工作，要将惠民生作为制定政策的出发点和落脚点，指出："我们党的一切政策，都要围绕合民意、惠民生来制定和落实。"④习近平总书记强调要持之以恒抓实抓好民

---

① 习近平:《习近平谈治国理政》第三卷，外文出版社，2020，第123页。

② 习近平:《习近平谈治国理政》第三卷，外文出版社，2020，第123页。

③ 习近平:《习近平谈治国理政》第三卷，外文出版社，2020，第90页。

④ 习近平:《让乡亲们过好光景是我们党始终不渝的初心使命（二〇一四年四月——二〇二一年九月）》，载《论"三农"工作》，中央文献出版社，2022，第117页。

生工作,指出:"民生工作离老百姓最近,同老百姓生活最密切。要持之以恒把民生工作抓好,发扬钉钉子精神,有坚持不懈的韧劲,推出的每件事都要一抓到底,一件事情接着一件事情办,一年接着一年干,锲而不舍向前走,做到件件有着落、事事有回音,让群众看到变化、得到实惠。"① 需要注意的是,习近平总书记还强调在推进乡村治理体系和治理能力现代化过程中,务必坚持以增进民生福祉为优先方向,指出:"加强和改进乡村治理,要以保障和改善农村民生为优先方向,围绕让农民得到更好的组织引领、社会服务、民主参与,加快构建党组织领导的乡村治理体系。"②

习近平总书记还对如何做好民生工作指明了方向、提出了要求,指出:"保障和改善民生没有终点,只有连续不断的新起点,要采取针对性更强、覆盖面更大、作用更直接、效果更明显的举措,实实在在帮群众解难题、为群众增福祉、让群众享公平。要从实际出发,集中力量做好普惠性、基础性、兜底性民生建设,不断提高公共服务共建能力和共享水平,织密扎牢托底的民生保障网,消除隐患,确保人民群众安居乐业、社会秩序安定有序。"③ 在这点上,习近平总书记还尤其强调要不断增加农民收入,指出"农业农村工作,说一千、道一万,增加农民收入是关键"④,并提出"检验农村工作成效的一个重要尺度,就是看农民的钱袋子鼓起来没有。要通过多种途径着力构建农民持续较快增收的长效机制"⑤。

① 习近平:《习近平谈治国理政》第二卷,外文出版社,2017,第361页。
② 习近平:《坚持把解决好"三农"问题作为全党工作重中之重,举全党全社会之力推动乡村振兴(二〇二〇年十二月二十八日)》,载《论"三农"工作》,中央文献出版社,2022,第17页。
③ 习近平:《习近平谈治国理政》第二卷,外文出版社,2017,第362页。
④ 习近平:《农业农村工作,增加农民收入是关键(二〇一三年十一月——二〇二一年八月)》,载《论"三农"工作》,中央文献出版社,2022,第46页。
⑤ 习近平:《农业农村工作,增加农民收入是关键(二〇一三年十一月——二〇二一年八月)》,载《论"三农"工作》,中央文献出版社,2022,第45页。

（二）保护农民基本权益

习近平总书记强调要慎重对待和妥善处理农民基本权益问题，指出："凡是涉及农民基本权益、牵一发而动全身的事情，必须看准了再改，保持历史耐心。要尊重基层和群众创造，鼓励地方积极地试、大胆地闯，用好试点试验手段，推动改革不断取得新突破。"① 在这一点上，习近平总书记还突出强调加强对脆弱群体的管理和服务，指出："对留守儿童、留守老年人，各级党委和政府以及基层组织等要发挥作用，完善工作机制和措施，加强管理和服务，加强对未成年人的监护，加强对老年人的关护，让他们都能感受到社会主义大家庭的温暖。"②

（三）充分发挥农民在乡村治理和建设中的主体作用

习近平总书记强调"为了农民"是乡村建设的目的，指出："乡村建设是为农民而建，必须真正把好事办好、把实事办实。"③ 习近平总书记同时强调，"依靠农民"是推动乡村建设的科学路径，指出："要广泛依靠农民、教育引导农民、组织带动农民，激发广大农民群众积极性、主动性、创造性，投身乡村振兴，建设美好家园。"④ "要充分尊重广大农民意愿，调动广大农民积极性、主动性、创造性，

---

① 习近平：《坚持把解决好"三农"问题作为全党工作重中之重，举全党全社会之力推动乡村振兴（二〇二〇年十二月二十八日）》，载《论"三农"工作》，中央文献出版社，2022，第14页。

② 习近平：《加强农村基础设施和公共服务体系建设（二〇一四年三月——二〇二一年八月）》，载《论"三农"工作》，中央文献出版社，2022，第111页。

③ 习近平：《坚持把解决好"三农"问题作为全党工作重中之重，举全党全社会之力推动乡村振兴（二〇二〇年十二月二十八日）》，载《论"三农"工作》，中央文献出版社，2022，第15页。

④ 习近平：《坚持把解决好"三农"问题作为全党工作重中之重，举全党全社会之力推动乡村振兴（二〇二〇年十二月二十八日）》，载《论"三农"工作》，中央文献出版社，2022，第18页。

把广大农民对美好生活的向往化为推动乡村振兴的动力，把维护广大农民根本利益、促进广大农民共同富裕作为出发点和落脚点。"①习近平总书记还强调，要让农民成为乡村建设和乡村治理政策及实践效果的评判主体，指出："党中央的政策好不好，要看乡亲们是笑还是哭。如果乡亲们笑，这就是好政策，要坚持；如果有人哭，说明政策还要完善和调整。"②

（四）不断提高为民服务水平

习近平总书记强调村级为民服务中心是基层治理体系的有机组成部分，要切实抓好这一阵地的建设和管理工作，确实发挥好其服务农民的作用，指出："要把村为民服务中心作为基层治理体系的重要阵地建设好，完善充实服务事项，提高为民服务水平，增强为民服务的精准性和实效性。"③习近平总书记还深刻阐释了人力资源对于乡村治理和乡村振兴的重要意义，强调要通过"人才下沉农村一线"来提高服务农民的水平，指出："实施乡村振兴战略，迫切需要造就一支懂农业、爱农村、爱农民的农村工作队伍。要加强'三农'工作干部队伍的培养、配备、管理、使用，把到农村一线锻炼作为培养干部的重要途径，形成人才向农村基层一线流动的用人导向。乡村振兴不是一句口号，讲究的就是一个'实'字，农村工作

① 习近平：《推动乡村产业振兴、人才振兴、文化振兴、生态振兴、组织振兴（二〇一八年三月八日）》，载《论"三农"工作》，中央文献出版社，2022，第270页。

② 习近平：《让乡亲们过好光景是我们党始终不渝的初心使命（二〇一四年四月——二〇二一年九月）》，载《论"三农"工作》，中央文献出版社，2022，第117–118页。

③ 习近平：《提高农村基层组织建设质量，健全乡村治理体系（二〇一七年十二月——二〇二二年三月）》，载《论"三农"工作》，中央文献出版社，2022，第229页。

干部要真正深入群众，真心依靠群众，真情关爱群众，真诚服务群众。"①

与此相关，习近平总书记充分肯定了科技特派员制度的实施效果，强调要发挥好这一制度推进乡村振兴和乡村治理的积极作用，指出："科技特派员制度推行二十年来，坚持人才下沉、科技下乡、服务'三农'，队伍不断壮大，成为党的'三农'政策的宣传队、农业科技的传播者、科技创新创业的领头羊、乡村脱贫致富的带头人，使广大农民有了更多获得感、幸福感。创新是乡村全面振兴的重要支撑。要坚持把科技特派员制度作为科技创新人才服务乡村振兴的重要工作进一步抓实抓好。广大科技特派员要秉持初心，在科技助力脱贫攻坚和乡村振兴中不断作出新的更大的贡献。"②习近平总书记也充分肯定了选派驻村干部的做法，并为驻村干部如何开展工作指明了方向和发力重点。习近平总书记指出："在接续推进乡村振兴中，要继续选派驻村第一书记，加强基层党组织建设，提高基层党组织的政治素质和战斗力。"③"驻村干部下一步要在助推当地产业发展方面发挥作用。'三农'工作重心由脱贫攻坚转到乡村振兴后，一个是如何巩固脱贫攻坚成果，一个是怎么推进乡村振兴，要把抓农业的激情这把火烧旺一点。"④

概而言之，习近平总书记上述重要论述深刻阐释了什么是乡村

---

① 习近平：《加强和改善党对"三农"工作的领导（二〇一七年十二月二十八日）》，载《论"三农"工作》，中央文献出版社，2022，第262-263页。

② 习近平：《坚持人才下沉、科技下乡、服务"三农"（二〇一九年十月二十日）》，载《论"三农"工作》，中央文献出版社，2022，第297页。

③ 习近平：《提高农村基层党组织建设质量，健全乡村治理体系（二〇一七年十二月——二〇二二年三月）》，载《论"三农"工作》，中央文献出版社，2022，第229页。

④ 习近平：《农业农村现代化关键在科技、在人才（二〇一七年五月——二〇二二年四月）》，载《论"三农"工作》，中央文献出版社，2022，第219页。

治理的人民性以及如何坚持和实现乡村治理的人民性这一重要问题。首先，提出乡村建设和乡村治理为人民的原则，强调要把乡村建设好、治理好，让亿万农民有更多获得感、幸福感和安全感，同时指出在乡村建设和治理过程中要坚持民生导向，要做好保护农民基本权益、增加农民收入以及加强对脆弱群体的管理和服务等重点工作。其次，指出在乡村治理中要最大限度地调动亿万农民的积极性、主动性、创造性，充分尊重农民的主体地位，有效发挥农民作为治理主体以及评判主体的作用，多措并举不断提高为民服务水平。乡村治理的人民性观点，丰富了以人民为中心的发展理念，是人民立场这一党的根本政治立场在乡村治理领域的扎实践行。

三、加强农村基层党组织建设

加强农村基层党组织建设，是推进乡村治理现代化的根本政治保证和题中应有之义。中国特色社会主义最本质的特征是中国共产党的领导，中国特色社会主义制度的最大优势也是中国共产党的领导，中国共产党是最高政治领导力量。正因如此，"党政军民学，东西南北中，党是领导一切的"[①]。坚持党中央集中统一领导，是保持党和国家事业发展正确方向的根本保证。也正因如此，"党中央制定的理论和路线方针政策，是全党全国各族人民统一思想、统一意志、统一行动的依据和基础"[②]。

需要注意的是，加强农村基层党组织建设与充分尊重农民主体地位并不相悖。习近平总书记指出："中国共产党的领导，就是支持和保证人民实现当家作主。"[③]"全面加强党的领导同坚持以人民为

---

① 习近平：《习近平谈治国理政》第二卷，外文出版社，2017，第 21 页。
② 习近平：《习近平谈治国理政》第二卷，外文出版社，2017，第 21 页。
③ 习近平：《习近平谈治国理政》第二卷，外文出版社，2017，第 18 页。

中心是高度统一的。深化党和国家机构改革的目的是更好推进党和国家事业发展，更好满足人民日益增长的美好生活需要，更好推动人的全面发展、社会全面进步、人民共同富裕。"①

对于农村基层党组织建设和作用发挥，习近平总书记主要强调以下几点。

（一）夯实农村党支部的核心领导地位和充分发挥农村基层党组织的战斗堡垒作用

习近平总书记强调农村党支部必须在农村各项工作中发挥领导核心作用，指出："农村党支部在农村各项工作中居于领导核心地位。我们常讲，'村看村、户看户、农民看支部'，'给钱给物，还要建个好支部'。"② "提衣提领子，牵牛牵鼻子。办好农村的事，要靠好的带头人，靠一个好的基层党组织。"③ 习近平总书记强调农村基层组织建设在农村各项工作中占据关键地位，而农村基层党组织建设更是重中之重。习近平总书记指出："基础不牢，地动山摇。农村工作千头万绪，抓好农村基层组织建设是关键。无论农村社会结构如何变化，无论各类经济社会组织如何发育成长，农村基层党组织的领导地位不能动摇、战斗堡垒作用不能削弱。"④ 习近平总书记还对农村基层党组织开展工作提出了要求，指出："我们的农村党组织，一定要成为团结带领群众建设社会主义新农村的坚强堡垒。有

---

① 习近平：《习近平谈治国理政》第三卷，外文出版社，2020，第90页。

② 习近平：《在中央农村工作会议上的讲话（二〇一三年十二月二十三日）》，载《论"三农"工作》，中央文献出版社，2022，第102页。

③ 习近平：《走中国特色社会主义乡村振兴道路（二〇一七年十二月二十八日）》，载《论"三农"工作》，中央文献出版社，2022，第254–255页。

④ 习近平：《在中央农村工作会议上的讲话（二〇一三年十二月二十三日）》，载《论"三农"工作》，中央文献出版社，2022，第102页。

了这一条，无论抓稳定还是抓发展，都会有力量、有后劲。"①"乡村振兴各项政策，最终要靠农村基层党组织来落实。这些年，我去过很多村，发现凡是发展得好的，都有一个好支部、好书记。"②

（二）建设一个怎样的农村基层党组织和怎样建设农村基层党组织

习近平总书记精辟阐释了农村基层党组织这一战斗堡垒的功能定位，指出："要加强农村基层党组织建设，把党组织建设成为推动科学发展、带领农民致富、密切联系群众、维护农村稳定的坚强战斗堡垒。"③强调"要抓住健全乡村组织体系这个关键，发挥好农村基层党组织在宣传党的主张、贯彻党的决定、领导基层治理、团结动员群众、推动改革发展等方面的战斗堡垒作用"④。习近平总书记为提高农村基层党组织这一堡垒的战斗力提供了行动指南，强调要从扩大"两个覆盖"、培养青年党员和党组织带头人、整顿软弱涣散党组织等方面着力，指出："要扩大农村党组织和党的工作覆盖面，加大培养青年党员力度，提高基层党组织为群众服务意识，夯实党在农村的执政基础。"⑤"要加强农村基层党组织带头人队伍和

---

① 习近平:《让乡亲们过好光景是我们党始终不渝的初心使命（二〇一四年四月——二〇二一年九月）》，载《论"三农"工作》，中央文献出版社，2022，第117页。

② 习近平:《坚持把解决好"三农"问题作为全党工作重中之重，举全党全社会之力推动乡村振兴（二〇二〇年十二月二十八日）》，载《论"三农"工作》，中央文献出版社，2022，第18页。

③ 习近平:《在中央农村工作会议上的讲话（二〇一三年十二月二十三日）》，载《论"三农"工作》，中央文献出版社，2022，第102–103页。

④ 习近平:《走中国特色社会主义乡村振兴道路（二〇一七年十二月二十八日）》，载《论"三农"工作》，中央文献出版社，2022，第255页。

⑤ 习近平:《在中央农村工作会议上的讲话（二〇一三年十二月二十三日）》，载《论"三农"工作》，中央文献出版社，2022，第103页。

党员队伍建设，整顿软弱涣散农村基层党组织，解决弱化、虚化、边缘化问题，稳妥有序开展不合格党员处置工作，着力引导农村党员发挥先锋模范作用。全面向贫困村、软弱涣散村、集体经济薄弱村党组织派出第一书记，是实施乡村振兴战略和培养锻炼干部的重要举措，要建立长效工作机制，切实发挥作用。"[①]

习近平总书记还对上级党组织如何抓好农村基层党组织建设工作提出了要求、指明了方向，强调："在上级党委和政府帮助和支持下，通过深入开展服务型党组织创建活动，通过加强自身建设，把管理寓于服务之中，增强村党组织联系群众、服务群众、凝聚群众、造福群众的功能，真正发挥战斗堡垒作用，成为带领乡亲们脱贫致富奔小康的主心骨、领路人。"[②]此外，习近平总书记要求各级党委和党组织要协同推进乡村振兴战略实施和农村基层党组织建设，指出："实施乡村振兴战略，各级党委和党组织必须加强领导，汇聚起全党上下、社会各方的强大力量。要把好乡村振兴战略的政治方向，坚持农村土地集体所有制性质，发展新型集体经济，走共同富裕道路。要充分发挥好乡村党组织的作用，把乡村党组织建设好，把领导班子建设强，弱的村要靠好的党支部带领打开局面，富的村要靠好的党支部带领再上一层楼。"[③]

（三）农村基层党组织的工作职责和要求

习近平总书记强调农村基层党组织的首要工作职责是不打折扣地落实党的政策，为中央层面的工作奠定坚实基础，指出："要原

---

① 习近平：《走中国特色社会主义乡村振兴道路（二○一七年十二月二十八日）》，载《论"三农"工作》，中央文献出版社，2022，第255页。

② 习近平：《在河北省阜平县考察扶贫开发工作时的讲话（二○一二年十二月二十九日、三十日）》，载《论"三农"工作》，中央文献出版社，2022，第26页。

③ 习近平：《把乡村振兴战略这篇大文章做好（二○一八年九月二十一日）》，载《论"三农"工作》，中央文献出版社，2022，第280页。

原本本把政策落实好。中央高度重视'三农'工作，这些年来每年中央一号文件都是关于'三农'工作的，现在中央有一系列强农惠农富农政策和扶贫开发政策，这些政策要一丝不苟、毫不走样地落实到基层，政策的好处要全部落实到基层、落实到每一个农民。你们党支部和村委会的干部，生活在乡亲们中间，生产在乡亲们中间，整天同乡亲们打交道，党和政府的好政策能不能落到实处，你们的工作很关键。要把党和政府的扶贫开发政策、支持农业农村发展的政策、支持农民增收的政策原原本本传递给乡亲们，让乡亲们了解党和政府的政策，真正享受到政策的好处，一起来落实好政策。你们的工作做好了、做扎实了，我们在中央的工作就有了坚实基础，我们也就放心了。"①

习近平总书记强调，通过调查了解清楚实际情况，既是农村基层党组织的重要工作职责，也是做好农村基层工作的关键，指出："要真真实实把情况摸清楚。做好基层工作，关键是要做到情况明。情况搞清楚了，才能把工作做到家、做到位。大家心里要有一本账，要做明白人。要思考我们这个地方穷在哪里？为什么穷？有哪些优势？哪些自力更生可以完成？哪些需要依靠上面帮助和支持才能完成？要搞好规划，扬长避短，不要眉毛胡子一把抓。帮助困难乡亲脱贫致富要有针对性，要一家一户摸情况，张家长、李家短都要做到心中有数。对乡亲们生产生活中的困难和问题，村子里能解决的就尽快解决，不能解决的及时向上级部门和有关方面反映，大家一起来想办法。"②

① 习近平：《在河北省阜平县考察扶贫开发工作时的讲话（二〇一二年十二月二十九日、三十日）》，载《论"三农"工作》，中央文献出版社，2022，第26-27页。
② 习近平：《在河北省阜平县考察扶贫开发工作时的讲话（二〇一二年十二月二十九日、三十日）》，载《论"三农"工作》，中央文献出版社，2022，第27页。

习近平总书记强调要认真抓好农村基层党组织建设，要将推进农村基层党组织建设和农业农村中心工作统一起来，实现管理和服务的有机结合，指出："要扎扎实实把支部建设好。农村基层党组织是党在农村全部工作和战斗力的基础，是贯彻落实党的扶贫开发工作部署的战斗堡垒。抓好党建促扶贫，是贫困地区脱贫致富的重要经验。要把扶贫开发同基层组织建设有机结合起来，抓好以村党组织为核心的村级组织配套建设，把基层党组织建设成为带领乡亲们脱贫致富、维护农村稳定的坚强领导核心，发展经济、改善民生，建设服务型党支部，寓管理于服务之中，真正发挥战斗堡垒作用。"[①]

习近平总书记强调力量源自团结，农村基层党组织建设要认真抓好五个层面或者说五种类型的团结，指出："要切切实实把团结搞扎实。众人拾柴火焰高。兄弟同心，其利断金。团结就是力量。不团结，一个人本事再大，也办不成任何事情。要搞好支部一班人的团结，搞好村委会一班人的团结，搞好全村乡亲的团结，特别要搞好党支部和村委会成员的团结。要以党支部为核心，搞好各种基层组织建设，把它们组织好，形成整体合力。大家拧成一股绳，心往一处想，劲往一处使，汗往一处流，真正把乡亲们的事情办好。"[②]

综上，习近平总书记不但反复强调农村基层党组织在农村各项工作中居于领导核心地位，这一地位决不能因为乡村社会结构的变化而动摇，而且明确指出在改进和加强乡村治理工作中，加强农村基层组织体系建设是关键，加强农村基层组织体系建设的关键则是抓好农村基层党组织建设，抓好农村基层党组织建设的关键则是建

---

① 习近平:《在河北省阜平县考察扶贫开发工作时的讲话（二○一二年十二月二十九日、三十日）》，载《论"三农"工作》，中央文献出版社，2022，第27-28页。

② 习近平:《在河北省阜平县考察扶贫开发工作时的讲话（二○一二年十二月二十九日、三十日）》，载《论"三农"工作》，中央文献出版社，2022，第28页。

个好支部。在此基础上，习近平总书记还对建设一个怎样的农村基层党组织、怎样建设农村基层党组织提出要求、指明方向，对如何理解农村基层党组织的坚强战斗堡垒作用、贫困村和富裕村党支部所肩负的不同任务等系列重要问题作出了科学回答。农村基层党组织在乡村治理中的地位、作用及其相关论述，是党的集中统一领导制度和全面领导制度在乡村层面的呈现，极大丰富了党在基层尤其是乡村社会如何实施科学领导的理论内容。

四、强化基层化解矛盾能力

习近平总书记指出，推进中国式现代化是一个系统工程，需要统筹兼顾、系统谋划、整体推进，正确处理好一系列重大关系，包括顶层设计与实践探索、战略与策略、守正与创新、效率与公平、活力与秩序、自立自强与对外开放的关系。① 其中，处理好活力与秩序的关系，需要强化基层化解矛盾的能力。习近平总书记高度重视基层矛盾化解问题，不但深刻阐明化解矛盾的原因，还为如何提升基层化解矛盾的能力作出重要指示。

（一）稳定也是广大农民的切身利益

习近平总书记强调稳定事关广大农民的切身利益，但是加强和创新农村社会管理不能以牺牲农民其他利益为代价，而要始终坚持以保障和改善农村民生为优先方向。习近平总书记指出："农村改革发展离不开稳定的社会环境。稳定也是广大农民的切身利益。农村地域辽阔，农民居住分散，乡情千差万别，社会管理任务繁重。加强和创新农村社会管理，要以保障和改善农村民生为优先方向，树

---

① 习近平：《推进中国式现代化需要处理好若干重大关系》，《求是》2023 年第 19 期。

立系统治理、依法治理、综合治理、源头治理理念，确保广大农民安居乐业、农村社会安定有序。"①

（二）建立健全现代乡村社会治理体制

习近平总书记强调，建设一个活而不乱、活跃有序的乡村社会需要一套科学的乡村社会治理体制，并对体制的构成主体、运行方式提出了明确要求，指出："乡村振兴离不开和谐稳定的社会环境。要加强和创新乡村治理，建立健全党委领导、政府负责、社会协同、公众参与、法治保障的现代乡村社会治理体制，健全自治、法治、德治相结合的乡村治理体系，让农村社会既充满活力又和谐有序。"②

（三）多措并举提高预防化解社会矛盾水平

习近平总书记强调要通过相关政策完善、体制机制创新和主体责任落实等渠道来提高预防化解社会矛盾水平，切实学习和推广"枫桥经验"。习近平总书记指出："重视化解农村社会矛盾，确保农村社会稳定有序。提高预防化解社会矛盾水平，要从完善政策、健全体系、落实责任、创新机制等方面入手，及时反映和协调农民各方面利益诉求，处理好政府和群众利益关系，从源头上预防减少社会矛盾，做好矛盾纠纷源头化解和突发事件应急处置工作，做到发现在早、防范在先、处置在小，防止碰头叠加、蔓延升级。要学习和推广'枫桥经验'，做到'小事不出村，大事不出镇，矛盾不上交'。要严厉打击扰乱农村生产生活秩序、危害农民生命财产安全的

---

① 习近平：《在农村改革座谈会上的讲话（二〇一六年四月二十五日）》，载《论"三农"工作》，中央文献出版社，2022，第204页。
② 习近平：《走中国特色社会主义乡村振兴道路（二〇一七年十二月二十八日）》，载《论"三农"工作》，中央文献出版社，2022，第254页。

涉农犯罪，坚决打掉农村涉黑涉恶团伙，坚决打击暴力恐怖犯罪，有效防范应对外部势力的干扰渗透，维护农村社会稳定。"①

（四）在维护社会秩序中践行德法相济原则

习近平总书记科学阐释法治和德治的关系，对在社会治理中如何实现德治与法治的有机结合指明了方向、提出了要求。习近平总书记指出："必须坚持依法治国和以德治国相结合。法律是成文的道德，道德是内心的法律，法律和道德都具有规范社会行为、维护社会秩序的作用。治理国家、治理社会必须一手抓法治、一手抓德治，既重视充分发挥法律的规范作用，又重视发挥道德的教化作用，实现法律和道德相辅相成、法治和德治相得益彰。"②习近平总书记还指出："法律是准绳，任何时候都必须遵循；道德是基石，任何时候都不可忽视。在新的历史条件下，我们要把依法治国基本方略、依法执政基本方式落实好，把法治中国建设好，必须坚持依法治国和以德治国相结合，使法治和德治在国家治理中相互补充、相互促进、相得益彰，推进国家治理体系和治理能力现代化。"③

（五）明确强调要建设公道清明乡村

习近平总书记高度重视乡村政治生态建设，强调要持之以恒抓好农村基层腐败防治问题，尤其要严肃查处农村集体资金、资产、资源（"三资"）的使用和土地征收等领域出现的违纪违法问题。习近平总书记指出："要加强对农村基层干部队伍的监督管理，严肃查处侵犯农民利益的'微腐败'，给老百姓一个公道清明的乡村。要

---

① 习近平：《在中央农村工作会议上的讲话（二〇一三年十二月二十三日）》，载《论"三农"工作》，中央文献出版社，2022，第102页。
② 习近平：《习近平谈治国理政》第二卷，外文出版社，2017，第116页。
③ 习近平：《习近平谈治国理政》第二卷，外文出版社，2017，第133页。

把农民群众关心的突出问题作为纪检监察工作的重点，继续紧盯惠农项目资金、集体资产管理、土地征收等领域的突出问题，持之以恒正风肃纪。针对扶贫领域腐败和作风问题，部署开展专项治理。严惩横行乡里、欺压百姓的黑恶势力及充当保护伞的党员干部，廓清农村基层政治生态。"①

习近平总书记关于强化基层化解矛盾能力的重要论述，是乡村治理、基层治理的重要组成内容。这些论述构成一个完整体系，既为加强和改进乡村社会治理工作以及优化农村基层政治生态提供了行动指南，也为推动社会治理理论创新指明了遵循方向。其中特别需要注意的是，维护基层社会稳定是广大农民的切身利益，但是加强社会治理不能以牺牲农民其他利益为代价，不断增进民生福祉以满足广大农民对美好生活的期待是强化基层化解矛盾能力的出发点和落脚点。

五、弘扬中华优秀传统文化

习近平总书记高度重视中华优秀传统文化，并善于从中汲取治国理政智慧。在 2023 年 6 月 2 日召开的文化传承发展座谈会上，习近平总书记强调，中国文化源远流长，中华文明博大精深。只有全面深入了解中华文明的历史，才能更有效地推动中华优秀传统文化创造性转化、创新性发展，更有力地推进中国特色社会主义文化建设，建设中华民族现代文明。② 从乡村治理角度看，习近平总书记关于弘扬中华优秀传统文化的重要论述，主要涉及以下几个方面。

---

① 习近平：《走中国特色社会主义乡村振兴道路（二〇一七年十二月二十八日）》，载《论"三农"工作》，中央文献出版社，2022，第 255 页。
② 习近平：《在文化传承发展座谈会上的讲话》，《求是》2023 年第 17 期。

（一）村庄是乡村文明的载体，要保护好传统村落和乡村特色风貌

习近平总书记充分肯定乡村文明在中华民族文明史中的主体地位以及村庄作为乡村文明的载体作用，强调要加大对乡村文明的科学保护力度。习近平总书记指出："乡村文明是中华民族文明史的主体，村庄是这种文明的载体，耕读文明是我们的软实力。城乡一体化发展，完全可以保留村庄原始风貌，慎砍树、不填湖、少拆房，尽可能在原有村庄形态上改善居民生活条件。"[①] 习近平总书记还指出："农村是我国传统文明的发源地，乡土文化的根不能断，农村不能成为荒芜的农村、留守的农村、记忆中的故园。"[②] "乡村建设要注重保护传统村落和乡村特色风貌，不要一个样式盖到头，一种颜色刷到底。有些地方就没把握好，有的盲目大拆大建，贪大求洋，搞大广场、造大景点；有的机械照搬城镇建设那一套，搞得城不像城、村不像村；有的超越发展阶段、违背农民意愿，搞大规模村庄撤并。"[③]

（二）农耕文明是中华优秀传统文化的根，很多优秀传统文化仍然发挥着重要作用

习近平总书记充分肯定农耕文明的重要作用，在乡村治理中应充分发挥中华优秀传统文化的作用。习近平总书记指出："我国农耕文明源远流长、博大精深，是中华优秀传统文化的根。我国很多村庄有几百年甚至上千年的历史，至今保持完整。很多风俗习惯、

---

① 习近平：《为老百姓留住鸟语花香田园风光（二〇一三年十二月——二〇二一年八月）》，载《论"三农"工作》，中央文献出版社，2022，第64页。

② 习近平：《在中央农村工作会议上的讲话（二〇一三年十二月二十三日）》，载《论"三农"工作》，中央文献出版社，2022，第100页。

③ 习近平：《坚持把解决好"三农"问题作为全党工作重中之重，举全党全社会之力推动乡村振兴（二〇二〇年十二月二十八日）》，载《论"三农"工作》，中央文献出版社，2022，第15页。

村规民约等具有深厚的优秀传统文化基因，至今仍然发挥着重要作用。要在实行自治和法治的同时，注重发挥好德治的作用，推动礼仪之邦、优秀传统文化和法治社会建设相辅相成。"① 习近平总书记强调，"要加强村规民约建设，移风易俗，为农民减轻负担"②。习近平总书记还强调，实践中对传统文化要切实做好"去其糟粕，取其精华"的工作，彻底革除陈规陋习，有效推进农村精神文明建设。习近平总书记指出："现在，农村一些地方不良风气盛行，天价彩礼让人'娶不起'，名目繁多的人情礼金让人'还不起'。一些地方农村出现'因婚致贫'现象，儿子结婚成家了，父母亲成为贫困户了。乡村是要有人情味，但不能背人情债，要在传统礼俗和陈规陋习之间划出一条线，告诉群众什么是提倡的，什么是反对的。要旗帜鲜明反对天价彩礼，旗帜鲜明把反对铺张浪费、反对婚丧大操大办、抵制封建迷信作为农村精神文明建设的重要内容，推动移风易俗，树立文明新风。要发挥红白理事会、村规民约的积极作用，约束村民攀比炫富、铺张浪费的行为，引导树立勤俭节约的文明新风。"③

（三）乡村振兴必须坚持塑形铸魂并重，深入挖掘、继承、创新中华优秀传统文化

习近平总书记强调，在全面推进乡村振兴战略过程中，要协同推进塑形和铸魂两项工作，并对"铸什么魂"和"怎样铸魂"作出了重要指示。习近平总书记指出："乡村振兴既要塑形，也要铸魂。

① 习近平：《把乡村振兴战略这篇大文章做好（二〇一八年九月二十一日）》，载《论"三农"工作》，中央文献出版社，2022，第279页。

② 习近平：《农业农村工作，增加农民收入是关键（二〇一三年十一月——二〇二一年八月）》，载《论"三农"工作》，中央文献出版社，2022，第46-47页。

③ 习近平：《走中国特色社会主义乡村振兴道路（二〇一七年十二月二十八日）》，载《论"三农"工作》，中央文献出版社，2022，第254页。

要深入挖掘、继承、创新优秀传统乡土文化，弘扬新风正气，推进移风易俗，培育文明乡风、良好家风、淳朴民风，焕发乡村文明新气象。"①"乡村不仅要塑形，更要铸魂。农村精神文明建设是滋润人心、德化人心、凝聚人心的工作，要绵绵用力，下足功夫。"②与此相关，习近平总书记强调，在全面推进乡村振兴战略过程中，要统筹抓好物质文明和精神文明建设，并对推动乡村文化振兴指明了方向、提出了要求。习近平总书记指出："农村精神文明建设很重要，物质变精神、精神变物质是辩证法的观点，实施乡村振兴战略要物质文明和精神文明一起抓，特别要注重提升农民精神风貌。"③习近平总书记还指出："要推动乡村文化振兴，加强农村思想道德建设和公共文化建设，以社会主义核心价值观为引领，深入挖掘优秀传统农耕文化蕴含的思想观念、人文精神、道德规范，培育挖掘乡土文化人才，弘扬主旋律和社会正气，培育文明乡风、良好家风、淳朴民风，改善农民精神风貌，提高乡村社会文明程度，焕发乡村文明新气象。"④

习近平总书记上述论述，既是乡村治理的重要内容，也是乡村文明、乡村文化振兴的重要内容。习近平总书记既强调要保护好村庄以及中华优秀传统文化，又强调在乡村治理中要发挥好中华优秀

① 习近平：《乡村振兴既要塑形也要铸魂（二〇一七年十二月——二〇二一年二月）》，载《论"三农"工作》，中央文献出版社，2022，第 231 页。

② 习近平：《坚持把解决好"三农"问题作为全党工作重中之重，举全党全社会之力推动乡村振兴（二〇二〇年十二月二十八日）》，载《论"三农"工作》，中央文献出版社，2022，第 12 页。

③ 习近平：《乡村振兴既要塑形也要铸魂（二〇一七年十二月——二〇二一年二月）》，载《论"三农"工作》，中央文献出版社，2022，第 231 页。

④ 习近平：《推动乡村产业振兴、人才振兴、文化振兴、生态振兴、组织振兴（二〇一八年三月八日）》，载《论"三农"工作》，中央文献出版社，2022，第 269 页。

传统文化的滋养作用，尤其是村规民约的作用，这为在实践中统筹做好弘扬中华优秀传统文化和加强改进乡村治理两项工作指明了方向、提供了遵循。

"基础不牢，地动山摇"，作为基层治理中重要板块的乡村治理，在国家治理中承担稳根固基的职责。中国特色社会主义进入新时代以来，加强和改进乡村治理的必要性、重要性进一步提升。一则，打赢脱贫攻坚战是全面建成小康社会和完成第一个百年奋斗目标的底线任务，而要想打赢脱贫攻坚战必须要有乡村治理的综合性变革作为支撑；二则，乡村振兴战略是新时代"三农"工作的总抓手，治理有效不但是乡村振兴总要求的重要组成内容，还是实现产业兴旺、生态宜居、乡风文明、生活富裕的重要基础；三则，开启全面建设社会主义现代化国家新征程，工业化、城镇化、农业农村现代化、信息化、国家治理体系和治理能力现代化缺一不可，农业农村现代化是短板弱项，国家治理体系和治理能力现代化是支撑保障，乡村治理涉及上述多个范畴，对于实现第二个百年奋斗目标至关重要、尤为迫切。从历史逻辑、理论逻辑、实践逻辑看，新时代加强和改进乡村治理的出路在于加快推动乡村治理现代化，而习近平总书记关于乡村治理的上述重要论述，不但为探索中国特色社会主义乡村治理现代化道路提出了五项框架性原则，而且指出了工作的发力点，凸显鲜明的科学性、系统性、时代性特征。

第二章
公共服务与乡村治理

打造服务型的基层组织、提升公共服务能力既是乡村治理的目标，也是乡村治理的手段。《中共中央关于坚持和完善中国特色社会主义制度　推进国家治理体系和治理能力现代化若干重大问题的决定》明确提出："必须坚持一切行政机关为人民服务、对人民负责、受人民监督，创新行政方式，提高行政效能，建设人民满意的服务型政府。"并提出："增进人民福祉、促进人的全面发展是我们党立党为公、执政为民的本质要求。"这项决定把提供公共服务作为优化政府职责体系的重要内容。

将提升公共服务作为乡村治理的目标包含了两层含义。

首先是明确了乡村治理的目的。传统的基层政府主要扮演着管理者和汲取者的角色。作为管理者，要对基层社会进行管理，维持基层的社会秩序，往往采取自上而下的管理手段，部分人甚至利用手中的公权力中饱私囊，引起被管理者的反对。作为汲取者，为了供养庞大的国家政权，基层政府必须从社会汲取资金和人力，征收赋税和徭役就成为基层组织的首要职能。许多官员的晋升与完成赋税任务有关，他们会采取各种手段获得赋税，并因此与基层社会相对立。与传统社会不同，现代国家的主要赋税来源于工商业，乡村基层政府失去了汲取者的身份，进而转变成服务者。基层政府向乡村直接提供公共物品，改善乡村治理就是要更好地为社会服务。

其次，提供公共服务也是乡村治理的手段。随着乡村治理的目标从管理和汲取向服务转变，治理的手段也发生变化，提供公共物品成为国家重要的治理手段。政府对社会实施有效控制和管理，通常有两种不同的方式，一种依靠国家的暴力，对基层进行强力介入；另外一种则是通过服务，即在提供公共服务的过程中，国家行政权力下移，国家与村民建立了直接的联系，村民的意愿得到反映，国家的意愿得到实现。进入新时代以后，国家正是通过提供服务来实现国家权力下沉基层，这就决定了国家与村民之间有着共同诉求，通过协商可以实现在乡村的有效治理。

一、公共物品与公共服务

乡村社会的维系本质上依赖乡村公共物品的生产和提供，如果没有公共物品的生产和提供，社会就难以存续。比如一个村庄至少具备必要的基础设施，如道路、水利，这是村庄的生产生活必需的，如果缺少这些基础设施，或者基础设施不能满足村民的需求，就会影响村庄的正常运行。再比如村庄还需要社会安全和社会秩序，一个村庄如果无法保障村民的安全，村民就无法正常生活。村庄要保护其成员免受其他村庄的欺负，也要有化解村庄内部矛盾的机制。在传统社会，村庄的长老可以在维护村庄秩序中发挥作用，现代社会则更多依靠法律和政府来承担相应的职能。此外，作为村庄的成员，村民还需要得到公共福利，在遭遇生产生活困难的时候，至少可以得到必要的救济和支持。乡村的教育、老年人的照顾，甚至老年人死亡后的埋葬，都不仅仅是家庭的责任，也是社会的责任。所以，任何社会都有公共事务，也需要公共物品，但是，谁来承担公共物品的生产、公共物品在多大程度上满足村民的需求，存在着很大差异。

　　经济学及管理学通常将公共物品的生产和提供看作政府的责任，一方面是由公共物品本身的性质决定的，因为公共物品是公共的，不具有排他性，无法通过私营部门生产或提供，即使一些公共物品可以通过收费等成为准公共物品，其生产和提供也需要依靠政府。比如乡村道路是公共物品，乡村不可能通过收费来建设和维护道路。与之不同的，灌溉用水可以收费，但是收费大多用于维持水利设施的运转，水利灌溉设施的建设则需要政府投资。另一方面也因为公共物品具有福利属性，是保持社会存续和社会公平的基本条件，比如教育、医疗、养老等制度带有社会保障的责任，尽管这些服务都可以通过家庭来实现，但是要维持社会公平，让所有社会成员从中受益，就需要政府的支持。从公共物品到公共服务概念的提出，都彰显出政府在维护维持社会运转和提供社会保护方面的责任。[1]

　　但是中国乡村的公共物品和公共服务在很长时期内是由乡村自我提供的，这种现象一直持续到 20 世纪的后半期。乡村自我提供公共物品和公共服务包含两个含义：首先，政府很少为乡村的公共物品和公共服务提供财政支持，公共物品和公共服务主要来自乡村的自我积累；其次，由于政府财政支持的力度很弱，乡村的公共物品和公共服务大多是低水平的，难以满足村民的需求。[2] 20 世纪初，中国开始乡村的现代化过程，政府委派的地方官员代替原有的村庄自己产生的官员，现代的警察制度代替原来村民的自我秩序维护，现代学校替代原有的乡村教育，但是由于国家并没有足够的财力支持地方治理的现代化，现代化的过程不仅没有增加农民的福祉，

---

[1]　黄新华：《从公共物品到公共服务——概念嬗变中学科研究视角的转变》，《学习论坛》2014 年第 12 期。

[2]　罗万纯、陈怡然：《农村公共物品供给：研究综述》，《中国农村观察》2015 年第 6 期。

反而加重了农民的负担，受到了农民的普遍抵制。1949年以后，随着土地改革的进行，普通农民从革命中受益，但只是调整了基层社会的财产和权利关系，国家依然需要农业生产的剩余来维持其存在。随后的人民公社化时代，尽管组织起来的农民通过合作可能提高生产能力，政府对一些大型基础设施也尽量投资，典型的如水库的修建，但是农民自己生产并提供公共物品和公共服务的状况并没有改变。比如城市的学校是公立的，由公共财政维持学校的运转，但是乡村的学校要靠农民筹集资金来建设、维护和支付乡村教师的报酬；在集体化时期，乡村的老年人有了初步的保障，特别是无儿无女的老年人可以享受"五保户"的待遇，但是也要依靠农村集体筹集资金提供养老服务；在公社化时期，乡村有治保主任、民兵连长和民兵，民兵作为后备役军人，更多时候则是作为维持地方秩序的力量，民兵连长和治保主任承担着维持基层社会秩序的任务，但是维持社会秩序的成本仍然是由农民自己负担的。

20世纪80年代的市场化改革导致人民公社解体，乡村也开始了市场化改革，农民自我提供公共物品和公共服务的格局并没有发生根本性的变化。20世纪80年代农村改革初期，对农村改革的一个被普遍接受的解释是"交足国家的，留够集体的，剩下全是自己的"。从这个解释看，农村改革以后，尽管国家对农户的微观生产过程干预大幅度减少，但是仍然强调农民对国家的责任，而非国家对农民的责任。仅以农村改革以后的乡镇企业为例，1993年全国乡镇企业用于农村福利事业、教育、小城镇建设等资金达290亿元，以工补农建农资金达130亿元，总计420亿元，而同期国家用于农业农村建设和发展的财政支出只有375亿元。[①] 仅乡镇企业对乡村建

---

① 徐冠清、崔占峰、余劲:《乡村振兴背景下村落共同体何以重塑?——农村集体经济治理与减贫耦合的双重视角》,《内蒙古社会科学（汉文版）》2023年第2期。

设的贡献就高于国家的付出。尽管在这个时期国家所征收的农业税在国家财政收入中所占比例不断降低，但是农民所上交的各种费仍然是维持农村基层运转的主要收入来源，统称为"三提五统"的农村提留不仅维持了基层组织的运转，也是提供乡村公共物品的主要资金来源，如用于维持村级运行的"公积金""公益金"和"管理费"，就是提供乡村公共物品的费用。

在现代社会中，农业产出所占比重不断降低，农业生产的盈利很弱，依靠农民集体提供的公共物品和公共服务只能是低水平的。比如乡村的教育，尽管1949年以后普遍建立了乡村学校，但是因为农民自我积累能力较弱，导致乡村教育水平很低、教室破败、教师不足的现象非常普遍，影响了农民子女上学的积极性。再比如乡村有合作医疗系统，但是医生大多为"赤脚医生"，缺乏正规的培训，只能处理简单的医疗事务，难以满足农村居民的需求。此外，少数从农村集体获得保障的"五保户"，大多也只能维持生存，农民则完全没有养老保障。到20世纪90年代以后，随着人民公社体制终结，这种农民自我提供低水平公共物品的制度也难以维持，向农民征收的用于公共事务支出的费用成为农民的负担，乡村社会因为负担过重而产生越来越多的矛盾。

进入21世纪以后，乡村公共物品和公共服务供给发生根本性的变化，2006年取消农业税和向农民征收的各种费后，国家在乡村的投入不断增加，从基础设施到社会福利，国家承担起提供乡村公共物品和公共服务的责任，自此，资金、项目大幅度进入乡村，服务体系和行政力量也开始介入乡村。

（一）国家替代乡村成为公共物品和公共服务的提供者

中国乡村的发展呈现出巨大的差异，这种差异也体现在公共物品和公共服务的生产和供给上。21世纪以前，公共物品大多由村庄生产和提供，然而大多数村庄在市场化改革以后没有收入，也难以提供有效的公共物品，典型的如一些贫困村，村庄缺乏集体经济收入，村庄的青壮年大部分外出打工，村里的基础设施得不到及时修建和维护，村庄的教育、卫生、养老和生态环境都陷入困境。一些村庄在改革以后快速融入市场经济，成为富裕村庄，但是富裕的村庄也不意味着能够提供较好的公共物品和公共服务，比如一些村庄通过发展私营企业迅速发展起来，尽管大部分村民的收入有所提高，却很少有资金投入到公共物品的提供上。乡村并没有因为个人收入增加而自然地出现更多的公共物品和公共服务，反而因为集体收入减少出现了公共服务严重不足，一些村庄的公共设施长期得不到维护，乡村的公共性大幅度降低。甚至在一些富裕村庄，道路不通、垃圾遍地和邻里冲突增加的现象时有发生。也有少数村庄依靠村庄的集体企业发展实现了致富目标，并将部分收益返还到村庄的公共物品上，改善基础设施，给上学的学生发放补贴，给老年人发放生活费。但是这类村庄数量很少，而且部分村庄在集体经济发展受挫以后，公共物品的供给也难以为继。在农村市场化改革以后，由于农村集体的解体，依靠向农民征收资金以维持乡村公共物品供给的可能性越来越小，城乡之间的差距不断扩大。要缩小城乡差别，提升乡村公共物品的供给，国家就要承担起公共物品的供给责任。

1. 国家财政覆盖范围扩大、覆盖力度加大

2006年取消农业税后，国家财政覆盖了乡村的公共物品，不仅范围扩大，而且力度加大。比如农村的基础设施建设从农民"出资出劳"转变为国家财政承担，农村道路从县级公路到通村公路，到通组公路，到日常维护费用，政府财政覆盖范围越来越广。从2012

年到 2022 年,中央在农村公路领域累计投入车购税资金 7433 亿元,农村公路总里程达到 446.6 万公里,具备条件的建制村 100% 通客车。在社会福利领域,仅农村低保人数在 2023 年初就超过了 3000万。农村义务阶段的教育实现了财政资金的全覆盖,不仅提供两免一补而且提供住宿和食品,超过 4000 万农村中小学生享受到政府的营养餐计划。这些公共物品和公共服务的提供,主要依靠国家财政的投入。从农村基础设施到公共服务,国家全方位地提供了农村公共物品。

政府不仅提供了有形的公共物品,还承担了许多无形的公共物品,比如治安,过去通过将农民组织起来维持乡村的治安,但是随着乡村法治化水平提高,越来越需要正式的机构承担维持公共安全的责任,所以许多村庄开始建立警务室,由对口负责的民警来维持治安。

2. 农民退出公共物品的供给

在国家提供公共物品以后,农民基本上从公共物品的供给中退出,这不仅因为原有农村集体经济已经解体,没有收入支持村庄的公共事务,也因为个体农民难以组织起来,新的农民组织发展缓慢。尽管农民的收入提高,但是乡村已经高度个体化了,原有的维系乡村生活的关系在逐渐淡化,自我服务的能力降低。我们看到,保持乡村生活环境的整洁是乡村居民所需要的,但是如果政府不出资雇佣专门的卫生保洁员,村庄的公共卫生就难以维持;村庄的老人越来越多,公共食堂可以改善老年人的生存状况、减轻老年人的负担,但是公共食堂大多需要企业家的慈善捐资才能够维持。农民可以捐资修庙却不愿捐资修桥的现象比较普遍,农民已经接受政府提供公共物品的理念,认为乡村公共事务最终需要公共财政覆盖。

3. 国家承担公共物品供给的责任直接导致基层政府行为的转变

过去基层政府更多地关注如何向农民征收费用，取消农业税以后，基层政府更加关注如何向上级政府申请项目支持，因为项目资金已成为乡村基层组织和基层政府正常运行的主要资金来源。从国家财政的角度看，乡村公共物品的供给是各级政府财政转移支付的结果。常规的转移支付，如村干部的工资补贴、教育经费和社会保障支出等，尽管有明确的制度规定，仍然有争取的空间，比如教育经费的金额、低保户的数量都有一定的弹性；专项转移支付大多采取项目投入的方式来支持特定的乡村建设项目，包括对设施建设和产业、文化活动的支持，这些项目大多需要基层干部去争取。随着国家财政对乡村公共物品和公共服务的供给覆盖，项目制已经成为国家治理的一种重要措施。[1] 项目制是政府承担提供公共服务的责任，但是财政能力有限、无法满足乡村全部需求的结果。随着国家在乡村投入的增加，如今乡村干部的工作越来越不需要去争取项目，而是关注如何实施项目，让群众更加满意。

（二）公共服务的提升

进入 21 世纪以来，党中央高度关注农业农村的发展，特别是党的十八大以来，将"三农"工作放到重中之重的地位，加大了对农村地区的投入，特别是对于发展相对落后地区的投入。习近平总书记多次强调："小康不小康，关键看老乡。"中国发展的短板在乡村，乡村的公共物品和公共服务更是短板中的短板，因此，随着中国现代化水平提升，政府财政能力增强，乡村的公共物品和公共服务的覆盖面不断扩大，质量也不断提升。

---

[1] 渠敬东：《项目制：一种新的国家治理体制》，《中国社会科学》2012 年第 5 期。

1.精准扶贫战略在消除绝对贫困的同时确立了公共服务的底线

通过实施精准扶贫战略消除了农村绝对贫困，在这个过程中也明确了国家在公共服务提供中的作用。精准扶贫确立了"两不愁三保障"，这包含两个方面的含义：首先明确了政府责任，国家要采取措施保障农民实现"两不愁三保障"，保障农民最基本的生存条件是政府的职责所在，这一职责是任何机构和个人所不能替代的。其次明确了责任范围，如果说不愁吃不愁穿主要是通过市场手段来提高农民的收入，那么住房和饮水安全，以及教育和医疗的保障，则主要通过政府提供公共服务来实现。在精准扶贫时期，针对贫困地区和贫困农户的许多公共物品和公共服务都得到发展，这些公共服务并没有因为脱贫攻坚结束而停止，许多公共服务项目逐渐成为基本公共服务，从而推动了公共服务的覆盖范围扩大和服务水平提升。

2.随着基本公共服务均等化的实施，乡村的公共服务水平不断提升

国家发展改革委等部门联合印发的《"十四五"公共服务规划》中区分了基本公共服务和普惠性非基本公共服务："从服务供给的权责分类来看，公共服务包括基本公共服务、普惠性非基本公共服务两大类。其中，基本公共服务是保障全体人民生存和发展基本需要、与经济社会发展水平相适应的公共服务，由政府承担保障供给数量和质量的主要责任，引导市场主体和公益性社会机构补充供给。非基本公共服务是为满足公民更高层次需求、保障社会整体福利水平所必需但市场自发供给不足的公共服务，政府通过支持公益性社会机构或市场主体，增加服务供给、提升服务质量，推动重点领域非基本公共服务普惠化发展，实现大多数公民以可承受价格付

费享有。"并把基本公共服务均等化作为目标，提出"国家基本公共服务制度更加完善，国家基本公共服务标准得到有效落实，标准化手段得到普及应用，基本公共服务实现目标人群全覆盖、服务全达标、投入有保障，地区、城乡、人群间的基本公共服务供给差距明显缩小，实现均等享有、便利可及"①。国家发展改革委等 21 个部门发布《国家基本公共服务标准（2021 年版）》，明确了基本公共服务的 9 个领域的具体保障范围和质量要求，即幼有所育、学有所教、劳有所得、病有所医、老有所养、住有所居、弱有所扶以及优军服务保障、文体服务保障。这一标准强化了政府责任，提升了公共服务水平，特别是基本公共服务均等化扩大了农村居民的公共服务范围，提升了服务的质量。要实现基本公共服务均等化需要中央政府统筹安排，通过中央调控，缩小基本公共服务领域的差别。基本公共服务均等化包含两个方面的含义：首先是城乡的基本公共服务均等化，由于乡村与城市在公共服务方面存在差距，要缩小城乡差距，就要加大在乡村的投入；其次，发达地区与欠发达地区，特别是东西部地区之间还存在不平衡，发达地区因为地方财政的支持，其公共服务水平比欠发达地区高，要实现基本公共服务均等化，就需要中央政府更多地在欠发达地区增加投入，通过转移支付缩小区域差距。

基本公共服务是动态的，随着社会经济发展而不断扩大范围，提高服务标准。《"十四五"公共服务规划》中明确指出："按照稳妥有序、论证充分的原则，在保持国家基本公共服务范围和标准总体稳定的基础上，结合经济社会发展情况、兼顾财政承受能力，适时

---

① 资料来源：中华人民共和国中央人民政府：《关于印发〈"十四五"公共服务规划〉的通知（发改社会〔2021〕1946 号）》附件全文，https://www.gov.cn/zhengce/zhengceku/2022-01/10/content_5667482.htm。

对国家基本公共服务标准进行动态调整。"随着社会经济发展水平提高，政府所提供的公共服务标准也会相应提升。

二、公共服务与乡村治理

公共物品和公共服务的提供，改变了政府与农民的关系，促进了乡村治理模式的转变。提供公共物品和公共服务不仅是乡村治理的目标，也成为乡村治理的重要手段。在提供日益完善的公共物品和公共服务的过程中，国家的权力深入乡村基层，成为乡村治理的重要力量。在国家的治理资源下沉乡村的同时，乡村社会也更加开放和透明，这为国家和农民的良性互动奠定了基础。

（一）乡村治理能力提升

公共物品和公共服务的供给不仅转变了基层组织和政府的职责，而且促进了基层政府乡村治理能力的提升，推动了新的乡村治理体系的形成，完善了乡村治理机制。

1. 公共物品和公共服务提升了乡村组织和政府在乡村治理中的作用

中华人民共和国成立以后，如何加强乡村治理就是党和政府高度关注的重要问题。千百年来，高度分散的农户使国家难以对基层社会实施有效治理，很多时候，乡村是游离在政府的控制范围之外的。在这种背景下，如果基层社会与国家之间运行得比较好，就会出现费孝通先生所说的"双轨政治"。但是"双轨政治"的出现和良性运行往往是特例，而非普遍存在的，"双轨政治"需要地方的领袖能够承担乡村治理的责任，且能够与政府进行对话，这些因素并不是在任何地方或任何时候都具备的。比较常见的是，基层社会缺乏精英的统领，形同散沙，甚至难以保持必要的社会秩序，更无法保持社会公平；或者由劣绅把持，形成少数人对大多数人的控制。乡村社会的治理逻辑与国家治理逻辑的不一致是"双轨政治"的基础，而国家治理逻辑向基层社会的下沉是现代国家建设的内在要求，国家权力下沉基层不仅是国家现代化的需要，也是乡村治理的需要。没有国家权力的介入，在许多地区和历史上的不同时期，乡村的秩序都难以保障。

在任何时候，国家权力下沉基层都不会很顺利。人民公社试图将农民组织起来以提升政府的治理能力，实现国家对乡村社会的有效管理，但是结果并不理想，因为在人民公社时期，政府作为汲取者的角色并没有发生变化。在市场化改革时期，村民自治也没有解决乡村公共物品的供给问题，尽管村民有自治的权力，但是由于公共物品缺乏，村民自我服务的目标难以实现，其自我管理和自我教育的功能也被弱化。村民自治的功能在于自我管理、自我教育和自我服务，自我服务是基础，没有自我服务，村民的自我管理和自我教育就难以实现。除了少数集体经济发达的村庄，大多数村庄缺乏政府财政资金支持，村集体自我造血功能不足，难以提供公共物品和公共服务。许多村庄因为缺乏公共物品和公共服务而缺少凝聚力，并因此面临乡村治理的困难。

乡村公共服务的提升是因为国家财政的支持在很大程度上解决了困扰乡村发展和乡村治理的资金问题，国家在基础设施、产业发展和村民生活福利方面的投入提升了乡村的发展水平，也提升了政府在乡村发展中的作用，通过实施发展项目，解决乡村发展的短板问题，乡村干部也有了工作的抓手，使他们与村民重新建立起联系。

2. 公共物品和公共服务的提升使乡村治理资源下沉基层

公共物品和公共服务不是乡村社会内生的，而是由政府提供的，这意味着政府在提供公共物品和公共服务的过程中，需要把握基层的情况，建立与之相适应的制度并将服务体系向乡村延伸。

行政资源下沉乡村首先表现为服务机构延伸到村一级。过去农民经常抱怨政府的门难进、事难办，因为行政系统远离乡村，有着村民所不熟悉的一整套规则和制度，所以农民办事很难；而且也因为农民不熟悉这些规则，导致一些官员办事应付、敷衍塞责，甚至索要好处。把服务机构向乡村延伸，比如在乡村建立便民服务站，大大方便了群众办事，也制约了原有的官僚作风和"吃拿卡要"，以及没有好处不办事的作风。

其次是基层组织的制度化。过去基层组织特别是村里的主要干部都是兼职，每年的误工补贴不足以维持其生活支出，干部不得不将主要精力放在家庭的经营上，为村民服务的时间和精力都比较有限，从而加剧了群众办事难的问题。有些地方村里主要干部甚至住在县城，村民平常很难在村里找到干部办事。近年来，随着村级干部补贴的增加，对村级干部的管理也越来越严格和制度化，大多数村级组织配备了办公室，有了上下班的制度要求，从而方便了村民办事。

此外，行政资源下沉基层还表现为各级政府不断向基层派出第一书记、驻村帮扶工作队、大学生村干部，以及以调研、协调解决问题和指导工作为目标的工作组或调研组，这些干部深入乡村基层，密切了乡村与各级政府的联系，使群众的意见和诉求更容易得到反映，也使各级政府官员更多地了解民情民意。近年来，许多基层干部抱怨迎来送往占用了大量时间，增加了工作负担，但是我们要看到，上级政府部门的人员下基层的实质是行政资源下沉基层。

3. 现代化的乡村治理体系是建立在信息透明基础上的，这在很大程度上改变了乡村的封闭状态

首先，政府部门要提供适当的公共物品和公共服务，就需要对基层社会有深入的了解，乡村的信息公开和透明是乡村治理现代化的基础。为了更好地提供适当的公共物品，政府加强了乡村信息的采集和调查。通过有效的信息采集以实现精准服务，比如提供教育服务就需要掌握乡村学龄儿童的情况，提供养老服务就需要掌握乡村老年人的状况，提供就业服务就需要掌握劳动年龄的人口状况。近年来，许多乡村干部抱怨忙于填表，这从侧面反映了在政府提供公共物品和公共服务的背景下，上级决策部门对信息的需求增强：一方面任何决策都需要建立在信息充分的基础上，对于服务的提供方，项目越多，覆盖范围越广，所需要的信息就越多；另一方面，长期以来，扮演汲取者角色的政府难以获得真实信息，而信息的获取直接关系到决策的质量，获取乡村客观真实的信息、了解乡村的实际情况成为政府提供有效服务的基础。

为了获取更客观的信息，各级决策者动用了大量人力和物力，首先是鼓励各级干部广泛调查，特别是鼓励政府的主要领导深入基层，倾听农民的声音，了解真实的情况；其次，建立现代化的信息收集系统，通过现代信息技术，系统地了解个人的身份、收入、社会活动情况，通过大数据的集成，更加清晰地掌握乡村的基本情况，让信息成为决策的基础。现代化的信息系统不仅包括个人和农户的信息统计，也包括依靠遥感技术对乡村景观情况的把握。通过遥感技术，乡村的自然资源和景观被纳入国家的治理体系。比如，耕地、湖泊、森林等自然资源难以依靠传统的测量技术获得客观、准确的数据，但是随着遥感技术的发展，对乡村的自然资源管理进入新阶段，长期以来难以解决的如毁林开荒、大面积弃耕甚至焚烧秸秆等

行为，都得到了有效控制。现代的监控技术更成为乡村治理的重要工具，使用大量监控设备，可以及时发现问题，加强社会治安管理，解决乡村的矛盾冲突。

（二）政府职能的转变，强化了群众在治理中的地位和作用

在新的乡村治理体系中，让群众满意已成为治理目的而不是手段。在任何时期，负责任的执政者都会高度关注群众的满意程度。早在战国时期，荀子就提出"君者，舟也；庶人者，水也。水则载舟，水则覆舟"，这个名言经过《贞观政要》普及以后，为大多数执政者所熟悉，从中可以看出执政者对普通百姓的重视。但是执政者对普通百姓的关注仍然是出于统治的目的，以维护政权的稳定，对百姓关注的目的和出发点都是巩固执政者的统治，让百姓满意带有工具主义色彩。在政府承担公共服务职能以后，百姓满意才真正成为乡村治理的目的。

1. 进入新时代，乡村治理强调以人民为中心

习近平总书记指出"江山就是人民，人民就是江山，中国共产党领导人民打江山、守江山，守的是人民的心，治国有常，利民为本"①。为乡村群众提供更好的服务，让村民满意已成为新时代乡村治理的首要任务。在这个背景下，乡村治理的目的是为村民提供服务，标准是让村民满意，村民的满意度成为衡量乡村治理成效的标准，任何组织和政府都不能忽视村民的利益和村民的表达。

让群众满意成为基层治理的目标，这促使村级组织和乡级政府

---

① 习近平：《高举中国特色社会主义伟大旗帜，为全面建成社会主义现代化国家而团结奋斗——在中国共产党第二十次全国代表大会上的报告（2022 年 10 月 16 日）》，《人民日报》2022 年 10 月 26 第 1 版。

转变工作重心，将为民服务放到最重要的位置。如果说在农村改革开放以后，乡村基层组织和政府曾经将征收税费保证基层组织运转作为工作重心，在停征农业税以后，基层组织和政府也曾有一段时间与农民的关系疏离，进入新时代以后，基层组织和政府则是要为村民提供服务，这促使基层组织和政府更加贴近群众。治理目标的改变提升了群众在乡村治理中的地位。我们可以看到，尊重群众的意愿、满足群众要求、让群众满意已经逐渐成为乡村基层组织和政府的行为准则。

2. 把考核评价的权力交给村民

对乡村基层组织和政府的考核中，村民的满意度成为重要指标，这就应该把对乡村基层组织和政府进行考核评价的权力交给村民。考核涉及对基层干部的评价，关系基层官员的收入和晋升，在这个过程中，村民的意见发挥了重要作用。为了使群众满意，乡村基层组织和政府需要深入群众，真正了解群众的需求、听取群众的意见，做出让群众满意的决策。

在乡村治理目标的转换过程中，群众与干部的关系发生了根本性变化，过去群众要办事就要找干部，而现在要让群众满意干部需要转过来找群众，通过主动的服务让群众满意。从被动服务到主动服务，一个服务型乡村治理结构正在逐渐形成。

（三）服务型的基层治理面临的困难

以提供更好的公共服务为目标的乡村治理结构正在形成，这个治理结构有效解决了乡村治理中的三个棘手问题：一是行政资源下沉基层的问题。随着公共服务的提升，长期以来乡村自我封闭、信息不畅的问题得到有效解决。二是群众的参与问题。服务型乡村治理的目标是让群众满意，群众满意或不满意在很大程度上反映其意愿，从而影响乡村治理的决策过程。三是乡村治理能力提升的问题。乡村治理能力在很大程度上依赖治理资源，特别是资金，缺乏稳定的治理资源会导致乡村治理的效能不高。乡村的公共物品和公共服务被纳入国家财政体系后，获得了稳定的资金来源，从而使乡村治理的效能得到提升。

但是总体上来说，乡村公共物品和公共服务的水平还比较低，且存在着较大的不平衡性，因此各地政府在向服务型治理结构转型的过程中也面临着新的挑战；公共物品提供与村民需求之间还存在差距，而基层组织和政府过度依赖上级政府提供治理资源，在完成上级政府任务的过程中容易产生形式主义和官僚主义，群众也逐渐产生对政府提供公共物品的依赖心理，严重的会影响乡村治理的内生动力。

1. 乡村的公共物品和公共服务仍然是低水平的

与城镇相比，乡村仍然地广人稀，特别是随着乡村人口逐渐向城镇迁移，人口居住密度进一步下降，由此导致乡村公共物品提供的成本上升，不管是基础设施，如道路、饮水工程，还是卫生服务、教育服务，要维持较高的服务水平就需要更多的投入，过去国家在乡村投入较低，公共物品和公共服务严重不足，要在较短的时间里实现相对较为均衡的公共服务，无疑非常困难。公共物品和公共服务的不均衡依然存在，特别是社会保障、医疗保障方面，距离群众的需求还存在差距。比如社会保障是最基本的公共服务，但是现在农村人口的社会保障水平比较低，大部分农民的基础养老金仍然低于最低收入保障水平，而处于转型期的老年人口又面临着两难问题：一方面，由于社会转型，年轻人大量外出，依靠子女养老的风险越来越大,许多子女不愿意或者没有能力承担老年人口的养老责任;另一方面,农村的老年人口在劳动年龄没有参加社会保障,更没有商业化的社会保险,依靠自己的收入转移实现养老也很困难,政府和社会必然会成为农村养老的重要支柱。正在建立的社会保障制度给农村老年人口提供的养老保障水平还比较低,难以满足其基本的生存所需,这较为典型地呈现了乡村居民对公共服务的需求和政府供给不足之间的矛盾。

2. 乡村的公共物品和公共服务不均衡

公共物品和公共服务不均衡的矛盾体现在多个方面,不仅城乡之间、地区之间存在重大差距,还存在政府关注度的区别。随着政府投入增加,政府所关注的地区和领域公共物品和公共服务可能提升较快,政府关注发展较弱的地区和领域的提升速度可能会比较慢。比如实施精准扶贫以后,政府所关注的扶贫重点县和重点村,公共物品和公共服务的水平明显提高较快,但是在非重点县和非重点村,由于国家投入相对较少,其公共物品和公共服务水平不仅与富裕的村庄有差距,与那些政府高度关注的村庄也有差距。此外,政府关注的公共服务领域会增加投入,促进了公共服务水平的提升;而政府关注不到的领域可能会投入不足,更多依赖村民个体或市场投入,公共服务水平相对较低。比如,近年来政府对交通、住房的关注度提升、投入增加,相比于其他领域,道路和住房的改善就很明显。随着国家将越来越多的公共物品和服务纳入国家财政支付的范围,各级政府的财政压力也逐渐变大。过去的公共服务大多是项目式投入,一次性完成,完成以后即交给村民维护。但是进入新时代后,越来越多的公共服务需要政府持续投入,如过去乡村交通大多只是投入修建道路,由乡村自己管护,随着乡村老龄化和村集体收入减少，难以承担道路管护的责任，需要政府持续地投入，由此导致政府财政负担加重。国家在提升公共服务水平的同时也关注服务与经济社会发展水平相平衡，重视"实现公共服务保障水平与经济社会发展水平'同频共振'"，公共服务不能超越当地的社会经济发展水平。从这个意义上说，乡村公共产品和公共服务不均衡的状态难以在短时间得到彻底解决。

3. 村级集体经济发展的不平衡会加剧乡村公共物品和公共服务的不均衡

尽管乡村集体已经不是公共物品和公共服务的主要提供者，但是乡村集体提供公共物品和公共服务的传统依然存在，一些集体经济较为发达、集体收入较高的村庄，可以使用集体的收入来满足部分村民对公共物品和公共服务的需求，比如给老年人发放补贴，维护公用设施，为低收入农户从事公共服务型工作提供资金支持。与这些经济实力较强的村庄不同的是，经过 40 年来的市场化改革，大多数村庄的集体经济收入已经很少，难以承担提供公共物品和公共服务的责任，这使村庄的公共物品和公共服务越来越依赖政府的转移支付。尽管在过去 40 年，各地都曾鼓励发展集体经济，但是对于大多数村庄来说，集体经济的发展仍然困难重重。发展集体经济比较常见的途径是充分利用村庄的资源，如利用集体经营的土地获得相应收入，利用村庄的区位优势发展农旅结合，或者发展村庄的加工业，通过招商引资增加集体收入。但是并非每个村庄都有区位优势，也并非每个村庄都能发展非农产业，集体经济发展不平衡的现象非常普遍。村级集体经济发展的差距使乡村公共物品和公共服务的差距进一步扩大。

来自上级政府的再分配资源有限，并不能满足所有需求，特别是在基本公共服务之外的项目，难以覆盖所有乡村，乡村基层组织需要满足政策和项目规划才能争取到资源。政府的资源分属不同部门和项目，每个部门都有其重点和要求，乡村基层要获得资源就需要满足这些部门对项目的要求，如果乡村的需求与现有政策和政府的规划缺乏内在的联系，就难以获得资源支持。我们调查发现，在乡村中许多小的需求，由于不属于任何项目支持的范围，长期得不到解决。比如，一个村庄在学校修建以后出现了道路下沉的情况，造成学校部分地区积水，尽管对学生影响较大且维护所需经费不多，但是因为没有项目覆盖就没有资金来解决。同样，一个村庄的污水处理在验收之后出现的小问题，没有项目覆盖也难以得到有效解决。政府公共财政覆盖乡村的公共物品和公共服务以后，虽然增加了公共物品和公共服务的供给，但是标准化的项目和基层社会的多样性需求之间有着较大的差距，如果乡村基层组织不能充分发挥能动性，这个差距将很难得到填补。

4. 单纯对上级政府的依赖容易导致官僚主义和形式主义

决策者不能深入基层，对基层的复杂性认识不足，就会出台一些难以完成的任务或规划，乡村基层组织和政府为了获得资源往往会迎合决策者的需求。而为了完成难以完成的工作和任务，乡村基层组织和政府就会采取形式主义的方式，只做表面工作，以表面的符合要求、达到标准来掩盖事实上的应付和实质上的没有完成。在一些地方甚至用大量资源堆砌出一些盆景式的典型，如超水平的公园景观、养老设施等，这些盆景式的公共物品难以真正满足群众的需求，某些时候甚至可能会引起群众不满，激化社会矛盾。

5. 对上级政府资源再分配的依赖会削弱乡村的内生动力

传统社会乡村的公共物品和公共服务是乡村内生的，这种内生性首先是建立在低水平的公共物品和公共服务基础上的，农业社会产出较低，农民不可能将较多资金投入公共物品和公共服务的生产，所以农业社会只能维持低水平的公共物品和公共服务供给。低水平的公共物品和公共服务供给往往也是农民和村庄维持生存的最基本要求，比如最基本的安全和保障。其次，这种内生性也建立在村庄共同利益的基础上。村庄成员之间有许多共同利益，不仅需要村庄成员的协作，更需要村庄的团结以应对外来的威胁，所以村庄不管能力大小，都要承担责任，提供必需的公共物品。随着公共物品和公共服务水平需求的提高，超出了乡村自我生产的能力，除了少部分借助天时地利发展了集体经济的村庄之外，大多数村庄已经无力提供公共物品和公共服务。而村庄完全放弃公共物品和公共服务的供给以后，村庄的公共性被进一步降低，村庄集体也难以发挥作用。在这种背景下，鼓励发展集体经济的政策往往流于形式，尽管各地政府都在鼓励发展集体经济，并且将集体经济收入纳入乡村工作的考核指标，对于大多数村庄来说，村庄集体收入低、难以承担公共物品和公共服务的现状并没有改变。

（四）新型的乡村治理体系要发挥政府和村庄的两个积极性

如果说乡村治理的核心是如何更好地提供公共物品以满足群众对公共服务的需求，那么一个良好的治理机制应该是发挥政府和村庄的积极性，推动乡村社会与政府之间的协商互动。

在现代化过程中，国家承担越来越多的提供公共物品和公共服务的责任，这是一个必然的趋势，也是中国式现代化的本质要求。在这一过程中，国家的实力不断增强，国家提供公共产品和公共服务的能力必然也会不断增强。乡村是国家重点投入公共产品和公共服务的地区，因为乡村承担了粮食安全、生态环境保护和文化传承等多项功能，这都需要政府的财政投入加以支持。国家在公共物品和公共服务方面的功能不断被强化，还因为国家的再分配职能的加强，要保证社会共同富裕就要把保证基本公共服务均等化作为基础，提升国家的再分配能力。国家的再分配职能有助于缩小城乡之间、区域之间和群体之间的差别。国家承担公共物品和公共服务的同时，必然使行政资源下沉基层，从而形成自上而下的治理格局，并带来制度化和标准化，以便于管理。但是，自上而下的治理格局难以应对基层社会的多样性需求，对基层问题的反应也会出现迟滞，并带来官僚主义和形式主义的潜在问题。因此，自上而下的治理需要与来自基层的内生动力相互配合，以发挥上下互动的作用，实现社会治理的合力。

在国家治理体系和治理能力现代化过程中，乡村基层社会的自主性和能动性可以用来满足乡村社会对公共产品和公共服务的多样性和及时性需求。在国家的服务和权力下沉基层的同时，要重视发挥基层组织和基层政府的积极性，因为没有乡村组织和基层政府的能动性，自上而下的治理资源难以精准对接村民的需求，特别是在不发达地区，基层组织软弱、缺乏集体经济支持、公共物品和服务完全依赖国家提供，在这种情况下，提升基层组织和政府的能力，发挥其内生动力尤为重要。

三、公共服务与精准治理

随着乡村治理以有效提供公共服务为目标，政府通过提升公共服务水平完善乡村治理，乡村治理机制也发生相应变化。如果说乡村治理的目标和任务是宏观和抽象的，那么机制就是微观和具体的，是治理体系的具体实现形式。加强党的领导、实现基层社会的民主和自治、建立精准有效的乡村治理，都需要具体的机制保障。在新时代，通过乡村治理的专职化、制度化和精准化，乡村治理机制得到不断完善。

（一）专职化

长期以来，中国乡村延续了村庄自治的治理机制，靠非专职的权威人士承担乡村治理职能。传统的乡村长老、家族权威不仅不能从村庄公共事务服务中获取报酬，还经常因为其特殊的身份要承担一些社会救济职能。在传统社会中，权威是自然形成的，并非公共职务，他们可能在公共事务管理中花费许多时间，但是他们的行为并非职务行为。清朝末年实施的保甲制度主要服务于朝廷，但是也没有专门经费，而是靠从民间征收费用来维持保甲长的收入。近代以来，村庄领导的名称多有变化，如保甲长、村长、生产大队长、村委会主任等，他们既是村庄的领导，也是政府的基层工作人员，但是都没有职业化，而是兼具农民和乡村领导的双重身份。进入 21 世纪以后，国家停止农业税费的征收，村两委干部的报酬由公共财政负担，但在大多数地区仍然属于误工补贴性质，他们仍然是兼职的村干部。

近年来，特别是党的十八大以来，乡村治理的任务不断增加，村两委主要干部的专职化速度明显加快。专职化首先体现在工资报酬的增加上，村两委主要干部从每年计算误工补贴变成每月领取工资，公共财政保障了村干部的报酬。稳定的工资报酬使他们的工作时间得到了保障。其次体现在日常工作要求上，村干部不再是兼职工作，而成为一份全职工作，他们有了办公室和上下班制度。此外，乡镇政府也按照行政人员的要求，对村干部统一考核，并根据考核成绩计算发放奖励性报酬。一些地方还对部分村庄的村两委干部实施公开招聘，越来越多的非本村人担任村两委主要领导，特别是党组织书记。村两委干部的专职化是对国家加大乡村公共服务的回应，国家资源进入乡村后要求村两委干部投入更多的时间，过去兼职式的干部难以满足要求；这也是乡村治理正规化的要求，乡村治理的制度化带来了体制上的正规化和行政化。乡村治理的制度化水平提高又对村两委干部提出了更高的要求，特别是对两委干部的年轻化、知识化要求不断提高。

（二）制度化

传统的乡村治理往往强调以灵活的治理方式应对乡村事务的复杂性，所以制度化水平往往不高，而乡村治理现代化则需要提升治理的制度化水平，从人治转向法治，从灵活和随机的治理转为制度化的治理。

提升制度化水平首先是依法治村的要求。随着乡村经济发展，村庄与外界交流增加，乡村治理不仅涉及村庄内部人员，而且越来越多涉及村庄外部的利益主体，原有的村内协商不足以应对多元主体的治理要求，法治化提供了解决问题的有效途径。合法既是最基本的要求，也具有最终裁决权力。其次，法治化为村内民主协商提供了底线，降低了协商的成本。协商过程是各方利益的博弈过程，如果没有划定底线，协商就难以达成一致，而法律知识的普及则规定了协商的空间，促进了一致意见的达成。最后，法治化保护了一般村民的利益。在缺少规则的村庄中，一般村民的利益往往得不到有效保护，随着法治意识的提高，村民越来越倾向于使用法律保护自己的利益，从这个意义上说，法治有助于保护村民。

法治化不仅强调法律的作用，也推动了乡村治理的制度化，通过清晰的制度来明确责任义务，实现乡村的有效治理。清单制是一项典型的制度化手段，通过详细的清单可明确干部的责任，一方面使群众了解干部的工作职责，防止干部相互推诿；另一方面也防止乡镇政府把工作转嫁给村两委干部，增加村民自治的负担，使村庄的自治难以实现。更重要的是，清单制还便于群众监督干部的行为，村民可以对照清单，要求干部履行责任。村规民约是另外一种制度化，通过村民协商，可将日常的行为规范以文字的形式固定下来，作为村民日常的行动规范。村规民约与非正式制度不同，其经过村民讨论而确定，因此是一种正式制度，需要被遵守。

村庄的制度化水平不断提高、覆盖范围不断扩大，影响也不断深入。在制定各种制度的时候反复征求意见，多方协商，从而使制度更加细化，具有可操作性。除了有关村务和村规民约的制度之外，其他各种制度也不断被制定出来，比如文明户的评选条件、家庭孝老的规范等，不同村庄基于具体需求，制定出许多切实可行的制度。村庄公共管理所涉及的事务越来越多，制度也就会相应增加；与制度不断增加和细化相应的是要求制度的执行越来越有效，这就需要通过干部日常工作和群众的参与，使各项制度发挥作用。村庄的各种制度都直观地公布在村委会办公室的墙上，方便村民了解、学习，既有利于约束乡村干部的行为，也便于村民监督。

（三）精准化和精细化

由于乡村治理的目标是快速有效地提供公共服务，满足群众需求，因此乡村治理需要更加精细化。为了满足精细化的社会治理需求，村庄被划分为更小单元以密切与群众的联系，典型的如网格化管理，一个村庄被划分为若干网格，每个网格有一位网格负责人，网格负责人同时承担三重责任：一是解决问题，如及时解决邻里纠纷或调节家庭矛盾等；二是动员、发动群众，共同参与村庄建设，如号召村民维护公共卫生等；三是将网格内发生的问题和村民的需求及时反映到村庄层面。网格负责人多由党员担任，这种机制保障了问题的及时发现和及时解决。网格员并非正式的干部，但是网格员的存在使邻里之间有了负责人。数字技术也被广泛应用到乡村治理中，比如村庄中增加数字监控设备以保证乡村安全，特别是在村庄人口减少的情况下，不断增加的数字监控设备对于维护治安起到重要的辅助作用；通过乡村 APP 建设，发布村内信息，反映村民的需求；通过网络，为村民提供及时的服务。现代技术的应用，改进了乡村治理体系，提高了乡村快速、准确服务的能力。

第三章
加强基层党建，提升治理能力

农村基层党组织建设广义上包括乡镇层面的党组织建设和村级层面的党组织建设。《中国共产党农村基层组织工作条例》明确指出："乡镇党的委员会（以下简称乡镇党委）和村党组织（村指行政村）是党在农村的基层组织，是党在农村全部工作和战斗力的基础，全面领导乡镇、村的各类组织和各项工作。"[①] 本章主要聚焦村级层面的党组织建设，重点讨论加强村级党组织建设的意义、措施以及发挥好党组织的战斗堡垒作用，进而有效提升乡村治理能力等问题。

一、农村基层党组织建设的意义

中国共产党高度重视农村基层党组织建设。中国特色社会主义进入新时代以来，加强农村基层党组织建设被摆到更加突出的重要位置。在新时代的语境下，加强农村基层党组织建设，既有党的建设新的伟大工程方面的考量，也有落实现阶段国家重大经济社会发展战略的需求，还有推进国家治理体系和治理能力现代化方面的因素。

[①]《中共中央印发〈中国共产党农村基层组织工作条例〉》，《人民日报》2019年1月11日第1版。

（一）夯实农村基层党组织，建设新的伟大工程

1. 加强农村基层党组织建设，是党的建设新的伟大工程的应有之义和基础工程，具有不容置疑的必要性、重要性

党的十八大以来，以习近平同志为核心的党中央站在统筹中华民族伟大复兴战略全局和世界百年未有之大变局的高度，以改革创新精神全面推进党的建设新的伟大工程。全面推进党的建设新的伟大工程，至少可从三个方面理解：一是坚持党自身建设内容的全面性系统性，落实"以党的政治建设为统领，全面推进党的政治建设、思想建设、组织建设、作风建设、纪律建设，把制度建设贯穿其中，深入推进反腐败斗争，全面提高党的建设科学化水平"[①]。二是坚持党自身建设层级的全面性系统性，将党的建设分解和落实到从中央到地方再到基层的各级各类党组织。三是坚持党领导所覆盖对象的全面性系统性，落实"党政军民学，东西南北中，党是领导一切的"，党按照总揽全局、协调各方的原则，在同级各种组织中发挥领导核心作用。

农村基层党组织是党在农村全部工作和战斗力的基础，是农村各种组织和各项工作的领导核心。农村基层党组织建设不但在党的建设新的伟大工程中占据基础地位，而且关乎党对农村工作的全面领导，是一项十分紧要的工作。正因如此，新时代以来，出台了《中国共产党农村基层组织工作条例》和《中国共产党农村工作条例》等系列重要法规，对加强和改进党的农村基层组织建设以及加强和改善党对农村工作的领导提出了制度化规范化程序化要求，以期在既定战略部署周期实现深化农村改革、推动农村经济发展和社

---

① 《中国共产党章程（中国共产党第二十次全国代表大会部分修改，2022 年 10 月 22 日通过）》，《人民日报》2022 年 10 月 27 日第 1 版。

会进步的目标。

2. 党的十八大以来，农村基层党组织建设取得决定性进展，但还存在不少亟待解决的问题

所取得的决定性进展主要包括：制度建设力度明显加大，形成《中国共产党农村基层组织工作条例》与《中国共产党农村工作条例》等系列重要制度成果，这两个条例是现阶段加强农村基层党组织建设必须遵循的法规依据；组织体系建设创新发展，例如党支部书记通过合法程序兼任村委会主任和农村集体经济组织负责人的做法在全国范围内得到推广；村党组织领导下的议事决策机制、监督机制逐渐健全，村务监督委员会在农村地区普遍设立，村级重大事项决策基本实行"四议两公开"；阵地建设成效显著，办公条件明显改善；党员发展日趋规范，党员年龄结构优化步伐明显加快，等等。

存在的问题主要包括：基层党组织运行不畅，基层党员干部能力不高，基层党组织与其他基层组织之间职责不清，基层党组织号召力、组织力、凝聚力、战斗力不强，等等。其中，农村基层党员干部腐败防治工作尤其需要加强和改进。官方数据显示，2012 年11 月至 2017 年 10 月，纪检监察机关处理的村党支部书记、村委会主任合计达到 27.8 万人。[①] 在笔者主持的一项国家级课题中，调查问卷设计了"您认为，扶贫工作中常见的违纪违法主体包括哪几类？（多选题，限选 2 项）"，提供了六个选项，分别是政府职能部门、政府职能部门的工作人员、村委会、村委会干部、社会组织及

---

① 资料来源于中华人民共和国中央人民政府网:《十八届中央纪律检查委员会向中国共产党第十九次全国代表大会的工作报告（2017 年 10 月 24 日中国共产党第十九次全国代表大会通过）》（2017 年 10 月 29 日），https://www.gov.cn/xinwen/2017–10/29/content_5235228.htm。

其工作人员、企业及其员工。2028 份问卷调查结果显示："村委会干部"以 51.38% 的选中率在所有选项中排名第二。为了从侧面进一步验证"村委会干部是扶贫工作中常见的违纪违法主体"这个判断，问卷还设计了一个密切相关的问题，即"您如何看'脱贫攻坚战中村干部利用权力寻租的现象比较严重'这个观点"。数据分析显示，选择"同意"和"非常同意"这个观点的比例合计 35.50%，比例不算太高，但另有 25.69% 的人选择了"有些同意"。以上数据都充分说明，农村基层党员干部腐败问题不容忽视，应该从教育、制度、监督层面加大治理力度，提高治理成效。

3. 习近平总书记高度重视农村基层党组织建设，并对抓好农村基层党组织建设做出重要指示

习近平总书记高度重视基层工作。在党的二十大上，习近平总书记强调"坚持大抓基层的鲜明导向，抓党建促乡村振兴，加强城市社区党建工作，推进以党建引领基层治理，持续整顿软弱涣散基层党组织，把基层党组织建设成为有效实现党的领导的坚强战斗堡垒"[1]。党的十八大以来，中央形成并坚持了大抓基层的鲜明导向。除加大资金向基层倾斜的力度外，在乡村治理中，还有新建为民服务中心、推动公共服务下沉，推行"一村一辅警"、推动维稳力量下沉，派驻驻村干部、推动帮扶力量下沉，设立驻村纪检监督站、推动政权监督力量下沉，实行村干部专职化、推动"行政力量"下沉，等等。

习近平总书记把农村基层工作摆在突出的重要位置，多次强调在乡村治理中要把农村的组织建设摆在首要地位，在农村各类组织

---

[1] 习近平：《高举中国特色社会主义伟大旗帜 为全面建设社会主义现代化国家而团结奋斗——在中国共产党第二十次全国代表大会上的报告（2022 年 10 月 16 日）》，《人民日报》2022 年 10 月 26 日第 1 版。

建设中又要把农村基层党组织的建设摆在首要地位，在农村基层党组织的建设中则要把选好用好党组织负责人摆在首要地位。习近平总书记指出："农村党支部在农村各项工作中居于领导核心地位。我们常讲，'村看村、户看户、农民看支部'，'给钱给物，还要建个好支部'。"[①] 习近平总书记还强调："提衣提领子，牵牛牵鼻子。办好农村的事，要靠好的带头人，靠一个好的基层党组织。"[②]

这些重要论述，既明确了加强农村基层党组织建设的重要性必要性，也为加强农村基层党组织建设指明了发力方向，是当前和今后一段时间抓好农村基层党组织建设的根本遵循。

（二）推动国家经济社会发展战略落到实处

农村基层党组织是党在农村全部工作和战斗力的基础，是农村基层各种组织和各项工作的领导核心。国家的经济社会发展战略最终要靠农村基层党组织来落实。农村基层党组织的号召力、组织力、凝聚力、战斗力直接影响国家经济社会发展战略的落实进度和质量。现阶段，加强农村基层党组织建设对于全面推进乡村振兴和扎实推进共同富裕至关紧要。鉴于农业农村是实现共同富裕的最大短板，全面推进乡村振兴实际上是扎实推进全体人民共同富裕的重大举措之一。

1. 全面推进乡村振兴是党中央作出的重大决策部署，农村基层党组织必须不打折扣地加以贯彻

新时代以来，党中央坚持把解决好"三农"问题作为全党工作

---

① 习近平：《在中央农村工作会议上的讲话（二〇一三年十二月二十三日）》，载《论"三农"工作》，中央文献出版社，2022，第 102 页。

② 习近平：《走中国特色社会主义乡村振兴道路（二〇一七年十二月二十八日）》，载《论"三农"工作》，中央文献出版社，2022，第 254–255 页。

的重中之重，将乡村振兴作为新时代"三农"工作的总抓手。党的十九大在强调坚决打赢脱贫攻坚战的同时，作出"实施乡村振兴战略"的决定，提出"要坚持农业农村优先发展，按照产业兴旺、生态宜居、乡风文明、治理有效、生活富裕的总要求，建立健全城乡融合发展体制机制和政策体系，加快推进农业农村现代化"。2021 年，在如期打赢脱贫攻坚战、历史性地解决了绝对贫困问题的背景下，党中央提出要"全面推进乡村振兴"，实现巩固拓展脱贫攻坚成果同乡村振兴有效衔接，扎实推动乡村产业、人才、文化、生态、组织振兴，并将其写入《中华人民共和国国民经济和社会发展第十四个五年规划和 2035 年远景目标纲要》（简称"十四五"规划）。党的二十大将乡村振兴纳入"加快构建新发展格局，着力推动高质量发展"重要范畴，对全面推进乡村振兴作出了具体部署。作为党在农村地区的基本单元和战斗堡垒的农村基层党组织，落实乡村振兴各项政策是其职责所在。《中国共产党农村基层组织工作条例》显示，村党组织主要职责为六项，"宣传和贯彻执行党的路线方针政策和党中央、上级党组织及本村党员大会（党员代表大会）的决议"居首。

2. 全面实施乡村振兴战略的深度、广度、难度都不亚于脱贫攻坚，需要举全党全社会之力加以落实

具有产业、人才、文化、生态、组织等全维度设计和系统性要求的乡村振兴，是"五位一体"总体布局、"四个全面"战略布局在"三农"工作中的体现。对政策文本进行分析发现，从理念层面看，该战略在对乡村角色的定位上基本超越了工具主义，在对城乡关系的认识上基本超越了城市中心主义，在发展目标的设置上基本超越了经济主义，在实施方式的选择上基本超越了物质主义，是一

项崭新的重建乡村的战略。① 为此，我国在健全党委全面统一领导、政府负责、党委农村工作部门统筹协调的农村工作领导体制的基础上，建立实施乡村振兴战略领导责任制，实行中央统筹、省负总责、市县抓落实的工作机制，明确党委和政府一把手是第一责任人，实施五级书记抓乡村振兴的制度。尤其明确了乡村振兴各项政策最终要靠农村基层党组织来落实。习近平总书记指出，在实施乡村振兴战略过程中，"要充分发挥好乡村党组织的作用，把乡村党组织建设好，把领导班子建设强，弱的村要靠好的党支部带领打开局面，富的村要靠好的党支部带领再上一层楼"②。

（三）加快乡村治理体系和治理能力现代化

1. 推进国家治理体系和治理能力现代化，是新时代中国共产党提出的重大战略目标，必须毫不动摇地坚持中国共产党的领导

党的十八届三中全会（2013年）提出"国家治理体系和治理能力现代化"，将"完善和发展中国特色社会主义制度，推进国家治理体系和治理能力现代化"作为全面深化改革的总目标。党的十九大（2017年）指出，2020年到2035年的任务是基本实现国家治理体系和治理能力现代化，经过2035年到本世纪中叶的接续努力，最终实现国家治理体系和治理能力现代化。党的十九届四中全会（2019年）着重研究了坚持和完善中国特色社会主义制度、推进国家治理体系和治理能力现代化的若干重大问题。党的二十大（2022年）再次阐释了"两步走"的战略安排，突出强调在未来五年这一全面建

---

① 王红艳：《乡村振兴战略的"四重超越"特征——兼论中国特色社会主义乡村振兴道路》，《新视野》2021年第1期。
② 习近平：《把乡村振兴战略这篇大文章做好（二〇一八年九月二十一日）》，载《论"三农"工作》，中央文献出版社，2022，第280页。

设社会主义现代化国家开局起步的关键时期，要深入推进国家治理体系和治理能力现代化。中国共产党是中国的最高政治领导力量，在国家治理体系中居于领导核心地位，坚持党对国家治理体系和治理能力现代化的领导，既是政治要求也是客观需要。没有中国共产党的领导，国家治理体系和治理能力现代化不但失去正确方向和中国特色，而且难以为继。

2. 乡村治理体系和治理能力现代化是国家治理体系和治理能力现代化的题中之义和基础支撑

在中国语境中，国家治理现代化是指在坚持中国共产党领导下，践行民主、科学、法治、高效能理念，不断优化治理体系和治理能力，有效解决稳定、发展、改革中遇到的各种问题，切实促进国家富强、社会进步、人全面而自由发展的过程。此外，国家治理，按照治理主体客体二分法，可划分为国家治理和社会治理；按照治理主体客体三分法，可划分为政府治理、社会治理和市场治理；按照治理层级，可划分为顶层设计、地方治理和基层治理；按照治理领域，可划分为政治、经济、文化、社会、生态治理等五大领域的治理；按照治理场域，可划分为城市治理与乡村治理、域内治理与域外治理，等等。可见，无论从哪个维度看，乡村治理在国家治理中都占据不可或缺的重要地位，乡村治理现代化可以说既是国家治理现代化对基层农村的要求，也可以说是国家治理现代化在乡村场域的表达，还可以说是国家治理的重要板块和有机组成部分。

3. 加快推进乡村治理体系和治理能力现代化必须加强农村基层党组织建设

农村基层党组织是农村各种组织和各项工作的领导核心，推进乡村治理体系和治理能力现代化必须坚持其领导核心地位，积极探索党建引领农村基层治理的路径，切实发挥农村基层党组织的战斗堡垒作用。习近平总书记指出："基础不牢，地动山摇。农村工作千头万绪，抓好农村基层组织建设是关键。无论农村社会结构如何变化，无论各类经济社会组织如何发育成长，农村基层党组织的领导地位不能动摇、战斗堡垒作用不能削弱。"① 而且，唯有坚持农村基层党组织对农村各种组织和各项工作领导的乡村治理才能称作中国式乡村治理现代化，理由很明显："中国特色社会主义有很多特点和特征，但最本质的特征是坚持中国共产党领导。"②

二、农村基层党组织建设的措施

党组织建设是个系统工程，包含组织体系建设以及贯穿体系运行全过程的政治建设、思想建设、作风建设、纪律建设、制度建设、廉政建设等多个组成部分。需要注意的是，党的政治建设是党的根本性建设，在党的建设中占据统领地位，其目的是坚定政治信仰、强化政治领导、提高政治能力、净化政治生态，以及实现全党团结统一、行动一致，其要求是要把政治标准和政治要求贯穿党的其他所有方面的建设。③

农村基层党组织建设也是个系统工程。故而，加强农村基层党组织建设，要践行系统观念，不但要统筹上述多个维度的工作，还要统筹推进国之大者和民之关切，有效避免党建工作和业务工作脱节而成"两张皮"的现象。具体而言，一方面要围绕落实党中央、

---

① 习近平：《在中央农村工作会议上的讲话（二○一三年十二月二十三日）》，载《论"三农"工作》，中央文献出版社，2022年，第102页。

② 习近平：《坚持党对一切工作的领导（二○一三年十二月——二○一七年十月）》，载《习近平著作选读》第一卷，人民出版社，2023，第188页。

③《中共中央关于加强党的政治建设的意见（2019年1月31日）》，《人民日报》2019年2月28日第1版。

国务院重大决策部署来谋划，另一方面要围绕维护好、实现好人民群众的切身利益和不断满足人民群众对美好生活的向往来铺开。同时，还要坚持问题导向，在抓好"有什么用什么"的基础上，践行"缺什么补什么"的原则，推动二者衔接融合，促进多维集成创新。根据这些原则并结合基层实际来看，现阶段加强农村基层党组织建设的主要举措如下。

（一）创新组织设置

党的组织体系建设是党组织工作的重点。2009 年 9 月发布的《中共中央关于加强和改进新形势下党的建设若干重大问题的决定》，从"扩大基层党组织覆盖面"角度对加强基层党组织建设提出了要求、进行了部署。该文件强调："全面推进各领域党的基层组织建设，实现党组织和党的工作全社会覆盖，做到哪里有群众哪里就有党的工作、哪里有党员哪里就有党组织、哪里有党组织哪里就有健全的组织生活和党组织作用的充分发挥。"这是创新农村基层党组织设置的政策依据。创新农村基层党组织设置有两个目的——"活跃基层"和"打牢基础"。前者强调的是以党的基层组织建设带动其他各类基层组织建设；后者强调的是以组织架构改革落实和加强党对农村工作的全面领导，进而有效提升乡村治理效能，改进服务乡村质量，增进乡村发展活力。

新时代以来，各级各类党组织坚持以改革的精神加强党的建设，不断增强党的创造力、凝聚力、战斗力。总体上看，当前的农村基层党组织设置，基本摆脱了传统模式即以地域、单位设置基层党组织的模式的束缚，尝试突破地域、领域等因素的限制，按照便于党员参加活动、党组织发挥作用的理念，坚持实事求是、因需而创的原则，积极探索完善基层党组织设置形式，取得了丰富的实践成果。创新组织设置的实践基本沿着两个方向展开：一是合理划分管理单元，实施精准有效管理。管理单元划分中，既有缩小的也有扩大的，坚持以提升治理、发展、服务的针对性有效性为准则。二是加强纵横联建，促进协同高效。联建中，坚持科学确定联建主体，推动联建各方感情融和、理念融合、发展融合，追求"1+1＞2"的效果。此外，还有一些兼顾以上两个方向的综合性探索。各个方向的探索各有特色，均见成效，值得关注和研究。

1. 因应乡村产业发展需要创新组织设置

乡村振兴包括产业振兴、人才振兴、文化振兴、生态振兴、组织振兴五个维度。其中，人才振兴是关键，文化振兴是动力，生态振兴是支撑，组织振兴是保障，产业振兴则是基础，是提升乡村治理效能乃至解决农村一切问题的基础。为了凝聚产业发展合力，提高产业发展速度和质量，不少地方主动创新党组织设置架构，加强相似产业的横向或纵向整合，尝试不同但相关主体的斜向整合，积极探索基层党建与产业发展的相融共进之路，推动党建成果及时有效地转化为发展成果，进一步夯实党对农村经济工作的领导。主要探索实践如下。

一是将党组织建在产业协会上。产业协会具有一般行业协会的特征和功能。一方面，作为政府与企业间的桥梁，向政府反映本行业全体企业的共同诉求，协助政府制定和实施产业发展的规划、政策、行政法规和有关法律等；另一方面，作为行业内部自律建设的引擎，担负着统计行业基本情况、分析行业发展趋势、制定执行行规标准等职责，还能在协调企业间的关系、监督行业产品和服务质量、维护行业信誉、组织行业教育培训等方面发挥作用。将党组织建在产业协会上，更有利于激活和发挥产业协会的这些功能，故而不少地区根据当地产业发展情况选择以此为着力点。例如，广东汕头市潮南区红场镇种茶、制茶、饮茶历史悠久，茶叶产业是该镇的支柱产业。为了有效应对不断加剧的茶叶行业竞争，实现山区人民群众日益强烈的致富愿望，该镇组建茶叶行业协会党支部，打造"红色沃土茶飘香"党建品牌，充分发挥协会组织在茶叶产业发展中的桥梁枢纽作用。① 再例如，四川省成都市锦江区在推进公园城市示范区建设过程中，改变将支部建在村组的做法，而将支部建在产业院落（商协会）上，成立产业社区综合党委 1 个、院落（商协会）党支部 3 个以及若干个微型党群服务站、党员示范岗，形成"街道党工委 + 社区综合党委 + 产业院落（商协会）支部 + 微型党群服务站 + 党员示范岗"五级组织架构。②

二是将党组织建在农民合作社上。党的十八大以来，高度重视农民合作社这一新型农业经营主体的培育，深耕农业、根植农村的农民合作社逐渐成为服务农民的重要主体和综合平台，为乡村经济发展和乡村治理贡献了力量。为更好地发挥农民合作社对乡村治理的补充作用，探索党领导农村经济建设的科学方式，很多地区尝试将党组织建在农民合作社上，"党组织 + 合作社 + 农户"模式盛行。江苏省常州市新北区为促进优质稻米、设施园艺、高效渔业等三大农业主导产业发展，积极探索"党组织 + 合作社 + 农户"模式，把党组织建在合作社上，让党旗在合作社里高高飘扬。③

---

① 中共汕头市潮南区委组织部：《广东汕头市潮南区红场镇茶叶协会党支部：红色沃土茶飘香》，http://dangjian.people.com.cn/n1/2022/0901/c441888-32517180.html。

② 中共成都市锦江区委员会：《四川成都市锦江区：践行绿色发展理念 探索"党建 + 公园"生态价值转化新路径》，http://dangjian.people.com.cn/n1/2022/1026/c441888-32552188.html。

③ 中共常州市新北区委组织部：《江苏常州市新北区：合作社里党旗红 跑出乡村振兴"加速度"》，http://dangjian.people.com.cn/n1/2022/1202/c441888-32579478.html。

三是将党组织建在项目产业链上。产业链本质上是一种内在联系密切的企业群结构，既包括产业部门间的技术经济关联，也涉及与此配套的时空关联。如何实现党对这种新型企业形态的领导并为其提供更合宜的服务，是摆在我们面前的一个新课题。不少地区在这方面作出了积极探索。福州市福州城投运营服务集团有限公司，联合项目属地政府、项目运营方等，组建全市首个乡村振兴项目联合党支部——福州城投大樟溪沿岸乡村振兴示范带项目联合党支部，将"红色党建"有机融入现代农文旅产业，持续催生和放大城投乡村振兴项目的富民效应。同时，组建福州城投（永泰）乡村振兴人才工作站，联动市场、政府、企业三大主体筑巢引凤，搭建"专家智库""头部企业""镇村乡贤""青年创客"等平台，推动乡村形成人才、土地、资金、产业汇聚的良性循环。[①]

四是将党组织建在产业集群上。产业集群是一种新的空间经济组织形式，对应这样一种情形：具有竞争与合作关系的一定数量的企业在特定地域的相对集中。新时代以来，产业集群趋势显著加强，将党组织建在产业集群上正是因应这一趋势采取的措施。此举除实现了扩大党建工作的有效覆盖面外，还能在规避"集而不群"上发挥积极作用。山东省淄博市淄川区昆仑镇依托牛记庵古村落乡村旅游特色品牌效应，成立西部旅游度假区联村党委。联村党委下设四村一企五个基层党组织，其中，牛记庵村党支部书记任联村党委书记，其他四个村党支部书记任联村党委委员。四村一企共同研究党建工作，共同开展组织生活，共同交流分享经验，共同谋划周边山

---

① 福州城投运营服务集团有限公司：《福州城投：以"党建+"创新驱动乡村振兴"四变一引"模式》，http://dangjian.people.com.cn/n1/2022/0929/c441888-32537175.html。

区农产品、餐饮、康养、精品民宿等产业集群发展大计。[①]

有的探索更加灵活，尝试践行"发展重点在哪里，党的基层组织就建到哪里"的原则。福建省柘荣县城郊乡依托太子参等主导产业建立党组织，依托各级龙头企业建立党组织，依托从事农产品产供销服务的合作组织建立党组织，扎实推动党的建设与发展战略、生产经营同频共振、双促共赢。[②] 这种创新思路，充分彰显便于党员参加活动、党组织发挥作用的理念。

2. 因应乡村服务提质提效需要创新组织设置

在坚持大抓基层的鲜明导向、加强基层服务型党组织建设、公共服务城乡均等化的背景下，服务下沉既是要求也是趋势，然而服务如何以更加科学的方式下沉覆盖到农村基层是门学问。因应这一需要，不少地方对农村基层党组织的设置架构进行了一定的调整和完善。从了解到的情况看，调整基本依据这一思路展开：统筹各类资源，补齐短板弱项，构建区域化、行业化、规模化、体系化的服务网络。这些调整为创建服务型基层党组织和提升服务乡村效能奠定了良好的组织基础。相对于针对推动乡村治理、产业发展而展开的创新而言，这类探索偏少，代表案例如下。

聚焦服务"近邻"，创设区域党建联盟。福建省福州市高新区南屿镇本着"服务基层、服务群众、服务发展"的宗旨，以"组织共建、资源共享、活动共办、事务共商、区域共治、红利共享"为原则，按照"一个统一架构、两大联盟体系、三项机制保障"，组建"屿邻同心"党建联盟。"一个"指的是区域内机关、企业、学

---

① 淄川区昆仑镇党委：《山东淄博市淄川区昆仑镇：联村党建跨界融合 筑强堡垒振兴乡村》，http://dangjian.people.com.cn/n1/2022/0729/c441888-32489649.html。

② 中共柘荣县委组织部：《福建柘荣县城郊乡：探索产业强镇与乡村振兴同频共振路径》，http://dangjian.people.com.cn/n1/2022/0920/c441888-32530169.html。

校、社区等36个党支部组成一个联盟大会，作为联盟的最高决策机构；"两大"指的是成立涵盖村居、企业、教育、金融、政法、文旅等多元主体的"南屿同兴"子联盟，以及由镇党建办牵头成立的镇—村—村民小组三级党组织构成的"南屿亲邻"子联盟；"三项"指的是供需对接机制、协商议事机制及轮流共办活动机制。①

关注渔民党员，打造"海上党组织体系"。针对海上作业区域党组织覆盖面窄、渔民党员作用发挥不够等问题，福建省连江县成立了县级"海上党委"，建立了"1355"海上服务治理管理体系。其中，"1"指的是以"海上党委"为中心；"3"指的是推行三联模式，即"党群服务中心、专项服务队、海上党支部"体系联动，"镇级海上党支部、网格（编队）党小组、党员（示范船）"定向联系，以及"海上服务驿站、公益社团组织、志愿服务小组"多元联服；两个"5"分别指的是双向管理、协调议事、常态学习、结对互助、星级评定五大机制，以及海上治理、生产、销售、安全、金融五大服务。②

3. 因应乡村治理需要创新组织设置

各地为提升乡村治理的能力及效能而对农村基层党组织的设置进行调整。从我们了解到的情况看，这方面的探索主要是配合治理重心的下沉而实施领导力量的下沉，做实基层党组织对新的治理单元的领导。探索主要包括三个方面。

一是将党小组建在网格上。早在2007年前后，浙江省舟山市普

---

① 中共福州市高新区南屿镇委员会：《福建福州市高新区南屿镇："屿邻同心"党建联盟　推进基层治理全面发展》，http://dangjian.people.com.cn/n1/2022/0902/c441888-32518284.html。

② 中共连江县委组织部：《福建连江："1355"工作法探索"海上党委"工作新模式》，http://dangjian.people.com.cn/n1/2022/0915/c441888-32526701.html。

陀区等地就开始尝试探索"网格化管理、组团式服务"基层社会治理模式。当前，网格化管理已成为我国基层社会治理的重要机制，人员进网格、资金进网格、责任进网格蔚然成风，为提高社会治理的精细化水平及有效性发挥了独特作用。在此背景下，很多地区开始尝试将党组织建在网格上。四川省邛崃市天台山镇高兴村以网格即村民小组为单位设立党小组，形成"村党总支（党支部）—网格党支部（党小组）—党员联系户"的村级党组织体系。此外，该镇还积极探索吸纳相邻村党组织、两新党组织、企业党组织组建红色片区综合党委，形成红色片区抱团发展的党组织体系。[①]

二是将党小组设在"事管委"上。新时代以来，村民自治形式更加丰富、实践更加深化。广大村民除依托村民委员会实行自我管理、自我教育、自我服务、自我监督外，还新建村民议事会等基层群众自组织，并相应调整治理单元。因应这一变化，有的地区尝试将党小组建在新型的基层群众自组织上。贵州省平塘县为提升村民的自治能力，在全县农村地区的村民小组上推广成立事管委，并同步设立党小组。事管委下设文娱宣传队、红白喜事服务队、村寨卫生监督队、矛盾纠纷调解队、产业发展队等五支工作队，通过田坎会、院坝会等形式协商议事、收集社情民意。[②]

三是将党小组建在"宅上"或"屋场"。针对基于网格设置的党小组由于服务半径偏大（农村社区每个网格一般覆盖 300 户左右农户）、内部党员群众互动较少、村民之间的来往主要发生在村民小组内部的情况，江苏省南通市海门区探索建设"宅上党小组"。每个

---

① 中共邛崃市天台山镇高兴村委员会：《四川邛崃市天台山镇高兴村：推动红色村党组织振兴　建设红色美丽村庄》，http://dangjian.people.com.cn/n1/2022/0920/c441888-32530289.html。

② 中共平塘县委组织部：《贵州省平塘县："两建两兴"管实村组事务》，http://dangjian.people.com.cn/n1/2022/0714/c441888-32475685.html。

党小组覆盖 2—3 个村民小组,联系服务 100 个左右农户。[①] 笔者在湖南省娄底市调研了解到,该地区在全市范围内推广实行将党小组建在屋场上的做法。所谓屋场,大致可以称作"自然村",与"村民小组"不一定重合,是指由一个或多个以家族、户族、氏族或其他原因自然形成的居民聚居点。将党小组建在宅上或屋场上,兼顾了治理单元在地理上的便利性、文化上的共通性、人脉上的亲近性,有利于落实党的领导和支持人民当家作主。

4. 综合性探索

不少地方进行的是综合性探索,着力"大手笔"整合相同或相异的资源,尝试收获系统集成的效果。其中既有对系统观念的切实践行,也有对精细化治理的深入贯彻。这类探索丰富多彩,代表案例如下。

江苏省金湖县打造多种功能型中心村党委。该县打破原有行政村的束缚,在地域相邻、村情相仿、产业相近的农村片区设置功能定位相异的中心村党委。大体有如下几种类型:一是针对多个行政村农民集中居住的情况,设立集中治理型党委,实行统筹管理;二是针对集体经济发展不均衡的情况,设立强村帮带型党委,发挥引领辐射带动作用;三是针对产业项目相同、相近或某个重点产业项目涉及多个行政村的情况,设立产业融合型党委,打造特色产业经济带。每个中心村党委包含 2—4 个成员村。[②]

山东省乳山市组建多种党建联盟。该市打破农村地区地域、隶

---

① 中共南通市海门区委组织部:《江苏南通市海门区:"宅上党小组"汇聚乡村振兴"大动能"》,http://dangjian.people.com.cn/n1/2022/0901/c441888-32517470.html。

② 中共金湖县委组织部:《江苏金湖县:让新型农村社区有"型"更有"心"》,http://dangjian.people.com.cn/n1/2022/0901/c441888-32517465.html。

属关系等因素的限制,统筹考虑行政村、企业、社会组织的党建工作,因地制宜、按需组建多种党建联盟。有以下几种类型:一是"优势互补"型,将地域相近、资源互补的村党组织整合起来联建;二是"产业依存"型,将具有共同产业发展基础和发展意愿的村企聚集起来联建;三是"以强带弱"型,以农村工作片区或乡村振兴样板片区为单位,以带动力强的村或合作社为龙头,推动村与村联姻共建;四是"以工促农"型,以区域龙头企业或大型农业项目为依托,组织涉及的村庄、企业等成立党建联盟;五是"城乡联建"型,引导市直部门单位、企业与农村基层党组织结对联建。同时,实行事务联商、规划联定、人才联育、产业联兴、治理联抓、品牌联创、考核联评等七重机制保障,立体化推动各类党建联盟良性运转。①

四川省泸州市构建多种片区党工委。该市将全域划分为农产品主产片区、工业特色产业发展片区、红色文化集聚片区、生态功能片区、城乡融合发展片区等类型,按照市级指导、区县主体、镇村配合的原则组建36个片区党工委,加强党对县域内片区发展的全面领导。片区党工委系功能型党组织,属于议事协调机构,不承担具体的行政管理职能,需要履行决策参谋、统筹落实、评价建议的职责,通过召开片区党工委会议、联席会议、召集人会议等形式,对片区重大规划、重点项目、重要产业、重大活动等进行议事决策,为区县党委决策片区全域事项提供决策参谋。片区内部成员单位实现党建共商、发展共赢、利益共享。②

浙江省湖州市因地制宜推行五种形式的党群创富联盟。分别有:

---

① 中共乳山市委组织部:《山东乳山市:建设共富党建联盟助推乡村振兴》,http://dangjian.people.com.cn/n1/2022/0826/c441888-32512629.html。

② 中共泸州市委组织部:《四川泸州市:全覆盖建立功能型片区党工委引领县域片区高质量发展》,http://dangjian.people.com.cn/n1/2022/0928/c441888-32536116.html。

一是产业协会加盟型，由农民专业合作社、供销合作社、产业协会等牵头组建创富联盟，吸纳有能力有意愿的群众入盟创业就业；二是农企互动合作型，由竞争力、带动力强的龙头企业牵头组建创富联盟，采取"公司＋农户"的经营模式吸纳群众合作创业；三是创业大户带动型，发挥乡村振兴创业能人辐射带动作用，吸纳规模较小的创业户、中低收入群众共同发展乡村旅游、特色水产等产业；四是就近按劳取酬型，由村党组织发动、党员干部带头，培养从事来料加工业的农村经济组织和经纪人，帮助不宜外出的农村群众就近就便从事劳动；五是集体经济帮扶型，鼓励村集体创业资源丰富的村，帮带有意愿、有能力的群众通过投资金、投资源、投劳力等方式共同创业。①

在坚持党的全面领导的前提下，因应乡村发展、服务、治理等方面的实际需要创新组织设置形式，强化某种主体功能，改善对某个领域、某类群体或某种治理单元的领导方式，是现阶段农村基层党组织创新组织设置的常见路径。因应乡村产业发展需要创新组织设置，落实和强化党对农村经济建设的领导，在乡村振兴背景下显得尤其必要和重要。习近平总书记指出："加强党对经济工作的领导，全面提高党领导经济工作水平，是坚持民主集中制的必然要求，也是我们政治制度的优势。党是总揽全局、协调各方的，经济工作是中心工作，党的领导当然要在中心工作中得到充分体现，抓住了中心工作这个'牛鼻子'，其他工作就可以更好展开。"②《中国共产党章程》强调："中国共产党在领导社会主义事业中，必须坚持以经

---

① 中共湖州市委组织部：《浙江湖州市：创新推行"党群创富联盟"助力农民增收共富》，http://dangjian.people.com.cn/n1/2022/0929/c441888-32537224.html。
② 习近平：《坚持党对一切工作的领导（二〇一三年十二月——二〇一七年十月）》，载《习近平著作选读》第一卷，人民出版社，2023，第188页。

济建设为中心,其他各项工作都服从和服务于这个中心。"①因应乡村服务、乡村治理的实际需要创新组织设置形式,也是大势所趋,而进行"大手笔"的综合性探索,也有对"上面千条线,下面一根针""上面千把锤,下面一块铁"现实情况的考量。这些创新探索,对于全面落实和加强党对农村地区经济建设、民主政治建设、社会建设、文化建设和生态保护的领导,正在发挥积极作用。

(二)建强"头雁"队伍

村党组织书记的选、育、管、用工作,是农村基层党组织建设的重中之重。正所谓"农民富不富,关键看支部;支部强不强,关键看头羊"。全面推行村党组织书记通过合法程序兼任村委会主任、村集体经济组织负责人的"一肩挑"制度后,村党组织书记党务村务一手抓、农村工作全面管,责任更大、任务更重、能力素质要求更高,手中资源更多、权力更加集中、廉政风险更高,为此,选好、用好、管好村党组织书记的重要性变得更加突出。有鉴于此,不少地方近年在建强"头雁"队伍上又展开了新的探索。

1.实行提级管理

近年来,为确保"头雁"队伍的质量,不少地区探索实行提级管理。提级管理包含两层含义。其一,提高管理标准,将党政领导干部的管理标准适用于村党组织书记身上。江苏省淮安市将村党组织书记纳入干部队伍建设"大盘子"统筹谋划,像重视党政领导干部的管理工作一样重视村党组织书记的管理工作。该市实行村党组织书记任前"双测双察"县镇联审制度,通过党员群众测评、党务知识测试、能力素质考察、身份背景访察,把好准入关口、提高选

---

① 《中国共产党章程(中国共产党第二十次全国代表大会部分修改,2022年1月22日通过)》,《人民日报》2022年10月27日第1版。

任质量。① 其二，提高管理层级，将村党组织书记选、育、管、用的一部分权限上移给县级主管部门，实行"县乡共管"制度。江苏省泗阳县实施村党组织书记"县乡共管"制度，从严执行村党组织书记接受县乡双重管理的有关规定。② 山东省梁山县实行提级管理，严格落实村党组织书记任职资格县乡联审、县委组织部审批任免制度。③

2. 加强规范管理

管理规范化、制度化、程序化是治理现代化的基本要求和特征。近年来，各地在提高村党组织书记（以及其他村干部）的选、育、管、用和激励保障的规范化水平上下了真功夫，为保证和优化村党组织书记队伍的质量奠定了制度基础。

江苏省淮安市推行村干部员额管理，实行村干部资格认证。同时，坚持面向本地户籍高校毕业生、退役军人、能人大户、公安辅警、网格员等公开招考"兴村专干""振兴专干"，确保为村党组织书记队伍输送新鲜"血液"。此外，坚持经济待遇上给保障、职业发展上给前景、退岗退位后给关爱，正向激励村党组织书记以更足干劲、更强冲劲、更大后劲扑下身子干事创业。④

江苏省泗阳县推行村党组织书记"专职五级"模式，实现了村党组织书记进入有专项制度管理、履职有专业能力要求、待遇有专

---

① 中共淮安市委组织部：《江苏淮安市：强化专岗管理　提升专业素养　着力打造"五强"型村干部队伍》，http://dangjian.people.com.cn/n1/2022/0826/c441888-32512625.html。

② 中共泗阳县委组织部：《江苏泗阳县：党建引领赋能乡村振兴示范区建设》，http://dangjian.people.com.cn/n1/2022/0908/c441888-32522482.html。

③ 中共梁山县委组织部：《山东梁山：深化"六有"模式　锻造硬核尖兵》，http://dangjian.people.com.cn/n1/2022/0830/c441888-32515110.html。

④ 中共淮安市委组织部：《江苏淮安市：强化专岗管理　提升专业素养　着力打造"五强"型村干部队伍》，http://dangjian.people.com.cn/n1/2022/0826/c441888-32512625.html。

属基本保障。针对村党组织书记执行专职五级 20 档待遇体系，缴纳五险一金，其中，专职五级书记基本达到乡科级正职待遇，四级书记基本达到乡科级副职待遇。①

　　山东省梁山县创新探索"六有"村党组织书记管理机制。一是选任有标准，坚持"凡进必审"原则。二是年度有目标，村党组织书记每年年初确定年度工作目标、推进措施、完成时限和公开承诺，并对目标等进行公开公示，接受群众监督。三是业绩有评价，推行专业化书记专职在岗、专心工作制度，紧扣稳定和发展两大村级核心工作，定期开展"三评"和"双述"活动。四是培养有平台，建立村党组织书记跨村兼职工作制度，组织强村和薄弱村党组织书记结对帮扶。五是工作有压力，建立负面星级结果即时运用机制，年度评定为一星及没有星级的村党组织书记由乡镇党委书记进行诫勉谈话、限期整改，整改不力的及时予以调整。六是干好有前途，开展"五星级村党组织书记""富民强村好支书"评选，分别按照乡镇事业编人员、副科级干部平均工资标准落实待遇，优先推荐作为各级党代会代表、人大代表、政协委员等的人选。②

　　3. 坚持从严治理

　　党的十八大以来，把全面从严治党纳入"四个全面"战略布局，坚持问题导向，从抓思想从严、抓管党从严、抓执纪从严、抓治吏从严、抓作风从严、抓反腐从严等方面推进全面从严治党。作为农村基层党组织"领头雁"的村党组织书记，是全面从严治理的重要对象，必须予以高度重视。不少地区践行"将权力关进笼子里"和

①　中共泗阳县委组织部：《江苏泗阳县：党建引领赋能乡村振兴示范区建设》，
　　http://dangjian.people.com.cn/n1/2022/0908/c441888-32522482.html。
②　中共梁山县委组织部：《山东梁山县：深化"六有"模式　锻造硬核尖兵》，
　　http://dangjian.people.com.cn/n1/2022/0830/c441888-32515110.html。

"让权力在阳光下运行"的理念，积极探索管好用好村党组织书记的新路子。

四川省成都市构建以"三张清单"为基础、八项管理制度为支撑、任期动态调整机制为补充的村党组织书记履职风险防范体系。"三张清单"指的是村党组织书记《风险清单》《权责清单》《负面清单》，目的在于厘清权责事项、堵住履职风险、划定行事"红线"。八项管理制度包括村党组织书记档案县级管理制度、村党组织书记请示报告制度、村党组织书记述职评议制度、村级公章管理使用制度、村级财务提级备案、村级财务联审联签和村级财务巡察、村级财务审计制度，等等。任期动态调整机制强调的是：严格执行村党组织书记任期制度，明确村党组织书记五年任期内应保持稳定，对不能或不宜继续担任的按规定及时予以调整补充，并报县级党委组织部门备案。同时，制定村党组织书记任期内和任期届满考核办法，考核结果作为村党组织书记选拔进入镇领导班子、评先评优和补贴核算等的重要依据。①

广东省广州市增城区积极推动厘权清单化、用权规范化、监权公开化。一方面，制定村级组织成员职责清单、村级"小微"事项清单、村党组织书记风险清单，实施村党组织书记公开承诺制度。另一方面，制定《增城区农村基层干部履职尽责监督管理若干意见（试行）》，健全区、镇、村等多层级监督管理体系，健全村级监督机制，新设村级监察站，对党员干部违反"三资"管理规定以及不作为、慢作为、乱作为等问题进行重点监督，尤其是把村"一把手"列为重点监督对象，将农村基层党组织书记因私出国（境）管理纳

---

① 中共成都市委组织部：《四川成都市：建立健全"一肩挑"村党组织书记监督管理激励机制 建强村党组织头雁队伍》，http://dangjian.people.com.cn/n1/2022/0826/c441888-32512638.html。

入区级组织部门监管范围。①

从上述实践探索看,当前的"头雁"队伍建设呈现以下特征,这些也是该项工作的创新要素。第一,着力对村党组织书记进行提级管理。普遍落实村党组织书记县级备案管理制度,有的地方将其纳入"县管干部"序列,有的则实行县乡双重管理制度。第二,着力推动村党组织书记的专职化。普遍落实坐班制和薪酬制,要求村党组织书记专心工作,有的地方甚至对这一群体提出专业资格认证的要求。第三,着力全面提升村党组织书记的工作能力。此处的"全面"可从三个维度理解:能力提升工程覆盖所有村党组织书记,而不是部分;覆盖治村管村的所有能力,包括宣传团结群众、维护社会稳定、促进经济发展等能力,而不是某一项工作能力;覆盖当前所有能想得到的措施,而不是仅仅搞理论培训。第四,着力提升激励保障的制度化规范化程度。针对村党组织书记不但有一系列正面激励还有相应的负向激励措施,无论是政治待遇还是经济待遇均有明细规定。总之,当前的实践探索,试图对村党组织书记这一群体,从思想上强化意识,从制度上规之以严,从能力上进行重塑,在激励上加大力度,在监督上织密网络,在执行上狠抓落实,以期最大限度地发挥好"头雁"作用。

(三)提升农村党员干部能力

截至 2022 年 12 月 31 日,中国共产党党员总数为 9804.1 万名,从党员职业看,农牧渔民党员的数量为 2603.2 万名。②新时代以来,

---

① 中共广州市增城区委组织部:《广东广州市增城区:"四个聚焦"锻造过硬头雁队伍提高乡村治理效能》,http://dangjian.people.com.cn/n1/2022/0729/c441888-32489440.html。

② 中共中央组织部:《中国共产党党内统计公报》(2023 年 6 月 30 日),https://www.gov.cn/govweb/yaowen/liebiao/202306/content_6889177.htm。

农村基层党员能力总体上有所提高，但仍不能满足农村工作的实际需要，在理想信念、知识结构、实际工作能力等方面存在这样或那样的问题。各地近年来更是把提升农村基层党员的能力作为农村基层党建的一项重要工作来抓，加快了探索步伐。遗憾的是，着力于提高党员全员能力的探索相对较少、举措相对较虚，着力于提升农村基层党组织书记、村干部能力的探索相对较多、措施相对较实。当然，部分党员也从后两种探索中获益，进而在一定程度上改善了党员能力的总体水平。

1. 全面提升农村基层党组织书记履职能力

农村基层党组织书记是农村基层党员的重要组成群体，一般情况下该群体堪称农村基层党员中的翘楚。但是研究发现，村党组织书记基本讲政治但缺乏发展眼光者大有人在，基本有威信但缺乏服务思维者大有人在，基本有品行但缺乏带富能力者大有人在。正因如此，各地通常把农村基层党组织书记履职能力提升工作作为农村基层党员能力全面提升工程中的重中之重。以下案例值得关注。

江苏省金湖县开展村党组织书记挂职锻炼。该县除每年举办村党组织书记示范培训班外，还分批次选派村党组织书记赴商场超市、家庭农场、旅游景区等经营主体挂职锻炼，以有效增强村党组织书记的实战能力。同时，鼓励和支持村党组织书记参加自学考试，定期对包含村党组织书记在内的村干部进行业务知识水平测试。[1]

山东省梁山县实施村党组织书记"后浪"培育工程。该县将在职的100名年轻村党组织书记作为重点培养对象，建立培养成长纪实档案，实行跟踪管理服务，强化教育培养锻炼。该县还依托在外

---

[1] 中共金湖县委组织部：《江苏金湖县："四百"优才计划点燃乡村振兴"人才引擎"》，http://dangjian.people.com.cn/n1/2022/1107/c441888-32560604.html。

流动党员党组织在北京、济南设立"归雁回引"工作站，吸引在外优秀人才回村任职和返乡创业，将外出务工经商返乡人员、返乡大学毕业生、退役军人中的党员等优秀本土人才作为后备人才，通过推荐担任村级配套组织负责人、到强村强企和乡镇机关挂职锻炼等方式使其加快成长速度，同时，实施农村发展党员专项计划，加大从后备人才中发展党员的力度。①

江苏省泗阳县践行"新三当"理念，实施"返乡兴村"千人计划。该县把"返乡兴村"人才当作后备支书来培养、当作振兴人才来使用、当作创业青年来扶持，返乡兴村人才明显增加，有效提升农村基层党员和村干部队伍的能力水平。②

江苏省淮安市建立村干部初任培训、专题培训和集中轮训制度，构建起岗位培训、学历提升、实践锻炼"一体两翼"履职能力提升格局，实施"百名头雁赴院校、千名书记进党校、万名后备上夜校"能力提升计划。③

2. 提升农村"两委"干部能力

在抓好农村基层党组织书记能力提升的基础上，不少地方还开展能力提升扩面工程，将村干部的能力提升提上重要议事日程。这类探索因为覆盖对象明显增多且经济成本投入较高，故通常发生在经济较发达地区。

广东省广州市增城区组织开展千名基层"两委"人员集中轮训

---

① 中共梁山县委组织部：《山东梁山县：深化"六有"模式 锻造硬核尖兵》，http://dangjian.people.com.cn/n1/2022/0830/c441888-32515110.html。

② 中共泗阳县委组织部：《江苏泗阳县：党建引领赋能乡村振兴示范区建设》，http://dangjian.people.com.cn/n1/2022/0908/c441888-32522482.html。

③ 中共淮安市委组织部：《江苏淮安市：强化专岗管理 提升专业素养 着力打造"五强"型村干部队伍》，http://dangjian.people.com.cn/n1/2022/0826/c441888-32512625.html。

工作。该区针对基层"两委"举办多次党建引领乡村振兴、织密织牢组织体系、基层社会治理等专项培训班。此外，截至2022年，增城区实施"羊城村官上大学"工程已有十年之久。①

福建省罗源县着力全面提升新任村干部的素质能力。具体做法：一是组织集中充电。按照"分级分类、全员覆盖"原则，通过县乡两级党校，采取示范集训、分类培训、交流实训等方式，组织开办新任村党组织书记培训班、省市县驻村干部培训班、村党群服务中心窗口人员培训班、乡村振兴人才学历提升培训班，等等。二是鼓励自主蓄能。实施"村干部学历提升"专项行动。三是推行导师帮带。组建由乡村振兴服务专员、乡镇班子成员、优秀村党组织书记等组成的"导师团"，与新任村干部进行师徒结对。②

3.着力党员全员能力提升

中国共产党党员是中国工人阶级的有共产主义觉悟的先锋战士，努力提高为人民服务的本领，既是每位党员必须履行的义务，也是各级党组织必须履行的工作职责。相对农村基层党组织书记、村干部的能力提升而言，农村基层党员的全员提升尽管受到重视，但因对象群体规模庞大等缘由而实际探索较少。不过也涌现出一些值得关注的点。

四川省成都市锦江区不断探索提升党员综合素养的方式方法。具体做法包括：举办产业院落党员研修班，打造青年党员展示平台，开设文化讲座，成立绿色读书会，注册花乡农居公众号，组建产业

---

① 中共广州市增城区委组织部:《广东广州市增城区："四个聚焦"锻造过硬头雁队伍提高乡村治理效能》, http://dangjian.people.com.cn/n1/2022/0729/c441888-32489440.html。

② 中共罗源县委组织部:《福建罗源县:锚定"三点"全面提升新任村干部素质能力》, http://dangjian.people.com.cn/n1/2022/1107/c441888-32560596.html。

创新研讨兴趣班等。① 山东省济宁市在创新党员学习内容上积极探索。该市深入挖掘和弘扬优秀传统文化的现代价值,尝试把优秀传统文化融入党员教育培训,引导党员从优秀传统文化中汲取智慧和力量。② 此外,江苏省淮安市坚持面向本地户籍高校毕业生、退役军人、能人大户、公安辅警、网格员等公开招考"兴村专干""振兴专干",确保为村党组织书记队伍输送新鲜"血液"。③

总体看,农村基层党员能力提升工作基本实现迭代升级。在能力提升内容上更加注重时代性、实用性和针对性,乡村振兴、基层治理、农村实用技术等是现阶段教育培训的重点内容。在能力提升方式上更加注重多样性、体验性和实战性,除常见的集中理论学习、考察观摩外,还开发了多种形式的"一线考验"和挂职锻炼。在党员能力提升的思路上,坚持突出重点,抓实抓好农村基层党组织书记、村干部的能力提升,既有现实条件的考量,也有收获以点带面效果的期待;同时,坚持既做存量优化也做优秀增量,在抓实抓好现有党员能力提升的同时,多措并举引进优秀人才,并对其加大发展党员的工作力度,以期提升党员队伍的总体能力水平。

（四）优化阵地建设

活动阵地是党建的物化依托,在党组织建设中占有不可或缺的地位。一段时期以来,基层党员干部发挥作用时缺少阵地、群众办

---

① 中共成都市锦江区委员会:《四川成都市锦江区:践行绿色发展理念 探索"党建+公园"生态价值转化新路径》,http://dangjian.people.com.cn/n1/2022/1026/c441888-32552188.html。

② 中共济宁市委组织部:《山东济宁市:发挥"孔孟之乡"资源优势 推动优秀传统文化融入基层党建赋能乡村治理》,http://dangjian.people.com.cn/n1/2022/0729/c441888-32489360.html。

③ 中共淮安市委组织部:《江苏淮安市:强化专岗管理 提升专业素养 着力打造"五强"型村干部队伍》,http://dangjian.people.com.cn/n1/2022/0826/c441888-32512625.html。

事无处可去的问题比较突出，基层党建阵地建设亟待加强和优化。这种情况在农村基层尤为突出。新时代以来，不少地方按照服务党员和群众、既有力度也有温度的原则，开启了优化农村基层党组织活动阵地的探索，积累了丰富宝贵的经验。从实践探索方向看，主要有以下三种。

1. 针对村级党建阵地实施提档升级

这类探索针对的问题是，既有村级党建阵地的基本功能难以满足现实需要，故而在原有基础上进行升级改造。升级改造的思路是因应当前政治、社会等方面的需要"做加法"，在做实村级党群服务中心政治功能的同时，使其功能更加丰富多样，直至成为一个综合性服务载体。有条件的地方还可以充分运用信息化新技术为党群服务中心添光增彩。以下四个案例均属这一类型。

四川省邛崃市天台山镇坚持以群众需求为导向，按照"完善功能、一体多用"的原则，对高兴村党群服务中心进行亲民化改造。该村通过整合各级各类资源，配备了会议室、图书室、广播室、法律咨询室，使得党群服务中心功能设置更齐全、更高效和更便民。①

河北省平泉市探索搭建"民情村解"综合服务平台。该市统筹下沉乡镇和部门的服务力量，全面推行"代办服务村里跑、产业发展村里帮、矛盾纠纷村里调、电商站点村里建、惠农补贴村里领、妇女健康村里查、农民小病村里看、农业技术村里学、法律常识村里普、文体活动村里办"的民情村解"十在村"工作机制。有鉴于此，该市同时采取财政投、部门帮与党费补相结合的方式，积极打造集便民服务、矛盾调处、文化宣传等为一体的村级综合党群服务

---

① 中共邛崃市天台山镇高兴村委员会：《四川邛崃市天台山镇高兴村：推动红色村党组织振兴　建设红色美丽村庄》，http://dangjian.people.com.cn/n1/2022/0920/c441888-32530289.html。

中心，发挥"民情村解"综合服务平台的作用，推动村级综合服务站、电商站点、金融服务室、社保服务站、农家书屋等主体提供的服务全面覆盖到乡村的每个角落。①

江苏省连云港市赣榆区实施"红色地标"提档升级计划，积极打造在身边、看得见、用得着的"红色地标"。一方面，提升阵地的政治功能。全域村社党群服务中心实施"党建识别系统3.0"工程，制作"一徽两牌三图"党建示范带导视系统，开发网上虚拟展馆地图，增设红色教育区和党群活动区。另一方面，提升阵地服务质量。村社党群服务中心按照"楼下便民＋楼上富民"的新定位，楼下建成"一站式"便民服务大厅，楼上开展创业孵化、富民增收培训，普遍推行代购代销、快递寄取、小额取现、亲情联络等小微服务。为了实现阵地建设全面提升，该区每年还实行动态倒排制度，对倒排的100个村社党群服务中心进行重点赋能。②

河南省焦作市充分发挥村级党群服务中心的"吸附"效应，推动便民服务、经济发展、托老托幼、康养医疗等设施向党群服务中心周边集聚，积极打造"一核多翼"综合服务阵地。其中，便民服务场所包括卫生室、小超市、快递驿站、金融代办点等服务机构，以及村民广场、文化长廊、小游园、篮球场等基础机构。为了营造经济发展服务场所，该市拆除党群服务中心的围墙，清退了村干部办公用房，确保快递、电商、金融服务等项目的发展空间。③

---

① 中共平泉市委组织部：《河北平泉市：推行"民情村解"工作机制探索乡村治理新模式》，http://dangjian.people.com.cn/n1/2022/0824/c441888-32510095.html。

② 中共连云港市赣榆区委组织部：《江苏连云港市赣榆区：党建为纲 产业为链 阵地为基 深化三大产业党建示范带建设》，http://dangjian.people.com.cn/n1/2022/0824/c441888-32510133.html。

③ 中共焦作市委组织部：《河南焦作市："民情地图"助推党员干部走好新时代党的群众路线》，http://dangjian.people.com.cn/n1/2022/0826/c441888-32512617.html。

2. 探索构建"微型"党建阵地

这类探索针对的问题是：对于散居各处的党员和村民而言，设在村部的村级党群服务中心距离他们太远，这导致经常有活动举办但无人参加。有鉴于此，同时呼应农村基层党组织设置架构的调整，不少地方积极探索在更小的治理单元打造党建阵地。

上海市金山区吕巷镇探索运行"巷邻坊"。该镇基于在村民小组建立"群众帮群众服务点"的构想，聚焦增强党组织的服务功能，按照"学习教育集中点、民生事务受理点、村民自治议事点、社情民意反映点、代表委员接待点、公益志愿汇聚点、综治平安守护点"等要求，在村民小组层面打造和运行了一批"巷邻坊"。①

江苏省南通市海门区在村民居住相对集中的区域，灵活设置"宅上党小组"活动阵地。活动阵地一般以村民城镇购房落户后的闲置房屋、村里的公共空间、党小组长家中的房间院落为选址对象，面积为 20—60 平方米，原则是便于党员就近参加组织生活、群众办事议事，让村民们推开门能看到党组织、迈开腿能找到党组织。②

重庆市荣昌区探索构建小院党建阵地。该区根据"镇街党（工）委—村级党组织—村民小组（网格）党支部—小院党小组（党建指导员）"组织体系的要求，把小院作为党支部（党小组）活动阵地，推动网格向小院下沉，组织活动向小院延伸，并整合宣传、政法、民政等职能部门资源向小院倾斜。③

---

① 中共金山区吕巷镇委员会：《上海市金山区吕巷镇：党群巷心邻聚里 小坊集成巧治理》，http://dangjian.people.com.cn/n1/2022/0928/c441888-32535954.html。
② 中共南通市海门区委组织部：《江苏南通市海门区："宅上党小组"汇聚乡村振兴"大动能"》，http://dangjian.people.com.cn/n1/2022/0901/c441888-32517470.html。
③ 中共重庆市荣昌区委组织部：《重庆市荣昌区：探索以"小院＋"推动党建引领乡村善治》，http://dangjian.people.com.cn/n1/2022/0822/c441888-32508303.html。

四川省青神县因应乡村治理"片长制"的实施，积极打造村级党群服务微阵地。该县按照30—50户的规模划小治理单元，实行片内人、地、事、物、情统归片区管理，同步建设党群服务阵地，同时，健全镇村干部"接访日"制度，尝试点单式办理，运行"群众单点、镇村办理、部门协同"便民服务机制，推进政务服务事项下沉到村民"家门口"。此外还实行民生服务"三张清单"制，每季度坚持梳理公示"需求清单""资源清单""项目清单"，确定服务项目内容和目标任务，项目化开展法务工作，确保服务精细高效、整体覆盖。①

3. 探索构建党建联合阵地

可获得的资料显示，构建党建联合阵地的探索相对较少。研究发现，江苏省金湖县建立健全新型农村社区联合党委活动阵地。为了实现新型农村社区有"型"且有"心"的目标，该县坚持精简实用原则，规范整合阵地、人员、经费和设备等元素，依托成员村或集中居住点的现有党群服务中心，建立新型农村社区联合党委活动阵地，设置党代表工作室、便民服务中心、党性教育主题馆等功能场所。②该县的探索背景是因应联合党委的成立而配建联合党建阵地，这为深化组织设置创新提供了有益启发。

总体上看，农村基层党建阵地的建设，在阵地标准化建设方面取得实质性进展。农村党群服务中心基本实现了有场所、有设施、有标识、有党旗、有书报和有制度。在阵地活动开展上取得明显进

---

① 中共青神县委组织部：《四川青神县：创新"一领四微"模式　构建共建共治共享乡村治理格局》，http://dangjian.people.com.cn/n1/2022/0729/c441888–32489538.html。

② 中共金湖县委组织部：《江苏金湖县：让新型农村社区有"型"更有"心"》，http://dangjian.people.com.cn/n1/2022/0901/c441888–32517465.html。

展，党建活动的制度化、规范化、常态化程度不断提升。同时，农村党群服务中心还出现一些新的趋势。在功能定位上，统筹兼顾政治功能及经济社会功能，后者因为具象而更易引起关注、得到认可。在风格选择上，坚持亲民便民原则，践行"有事您来办、没事您来玩"的理念，推动服务中心门常开、人常在、事好办、民愿来。在建设空间上，积极探索向村民小组等更小微的治理单元延伸，与社会治理重心和公共服务的下沉形成呼应。

三、农村基层党组织的战斗堡垒作用

党支部是党的基础组织，担负直接教育党员、管理党员、监督党员和组织群众、宣传群众、凝聚群众、服务群众的职责。基层党组织应该发挥密切联系群众的堡垒作用，引领广大人民群众感党恩、听党话、跟党走，不断夯实党在农村的群众基础、阶级基础。同时，基层党组织还应团结带领基层群众不折不扣地贯彻落实党中央重大决策部署。进入新时代以来，全国不少农村地区在如何发挥农村基层党组织战斗堡垒作用上展开了扎实的探索，其中推行"领办"制的做法因为统筹了上述两类职责，实现了党建工作与村庄其他各项工作的深度融合而最值得研究和借鉴。

（一）村党组织书记领办

江苏省泗阳县推行村党组织书记领办富民工程。该县采取"支书领头调结构""支部＋新型经营主体""支部＋电商"等形式，引进一批符合村情民意、发展前景好、经营风险小、投资回报率高、持续带动性强的新产业，为实现兴业、强村、富民目标创造良好条件。该县同时还按照"切口小、有难度、示范性牵引性强"的原则，组织实施乡村振兴"书记项目"。"书记项目"每年年初立项、年中调度、年底述比，把县乡村党组织书记抓党建促乡村振兴的责任落实落细。2020—2022年，泗阳县累计实施乡村振兴"书记项目"39个[①]。

（二）农村基层党员领办

党员干部是党在基层最直接的代言人，是党发挥执政优势、推动社会各项事业发展，不断满足群众对美好生活向往的"神经末梢"。推行党员领办制，既可激励基层党员主动亮出身份，也可为基层党员搭建干事创业的平台，让基层党员干部在基层经济发展、社会治理、公共服务等各项工作中找准自身定位，成为中流砥柱，不断推动乡村全面振兴。

福建省福清市全面推行"网格＋党员领办"工作模式。该市将治理层级下沉到网格，将党员干部编入网格，明确党员干部联系服务群众的"责任田"，形成"网格管理、上下联动、层级负责"的治理格局。具体而言，将乡村振兴等重点工作以及收集到的群众操心事、烦心事、揪心事，根据目标任务、时间节点、验收标准"三清"的要求形成项目清单，经报上级党组织审核通过后，按照"支部设置、党员领办、组团兑现、群众评议"的工作流程加以落实。落实过程中，采取自愿认领和支部安排相结合的方式，明确项目领办人选及每一名党员的具体任务、工作职责和完成时限并对外公示。同时，加强对领办项目的跟踪管理，采取实地看、现场问、座谈议、即时评的方式，从完成、推进、成效、群众满意四个维度进行评价。此外，还探索党员积分管理模式，开办"积分存折"，开设"积分超市"，进行积分兑换实物活动。[②]

---

① 中共泗阳县委组织部：《江苏泗阳县：党建引领赋能乡村振兴示范区建设》，http://dangjian.people.com.cn/n1/2022/0908/c441888-32522482.html。

② 中共福清市委组织部：《福建福清市："党员领办、网格聚力"构建基层治理服务新格局》，http://dangjian.people.com.cn/n1/2022/0816/c441888-32503818.html。

江苏省涟水县推行"红色代办"制度，该制度的实质是党员领办民生服务。该县通过党员自荐、党组织推荐等方式，从党员或入党积极分子中选择"红色代办"（每镇至少2名、每村至少1名）。加强"红色代办"岗前培训，坚持"红色代办"持证上岗，要求"红色代办"深入基层一线，逐家逐户宣传代办政策，解答疑惑，变"等咨询"为"去指导"，为群众提供上门服务。[①]

浙江省仙居县全面开展"我是党员我带头＋"专项行动。该县在抓好"我是党员我带头＋主题党日"行动的同时，实施"我是党员我带头＋项目推进"行动，通过带头签约、包抓认领、一线破难等方式，推动危废焚烧处置中心等重大项目建设。其中，要求涉迁党员带头示范展担当，普通党员分片包干通堵点，领导干部深入一线解难题。此外，坚持以解痛点、通堵点、破难点为目标，实施"我是党员我带头＋服务民企"；坚持以冲得上、显大爱、暖人心为原则，实施"我是党员我带头＋志愿服务"，逐渐形成"我是党员我带头"品牌效应。[②]

（三）农村基层党组织领办

组织领办比书记领办、党员领办更加常见，主要做法如下。

1. 领办合作社

山东省蒙阴县把党组织领办合作社作为"一把手工程"，纳入乡村振兴总体规划。该县坚持发挥党的领导核心作用，建立县—乡—村三级工作体系，实行县级统领、乡镇主导、村级主体工作模式，

① 中共涟水县委组织部：《江苏涟水县："红色代办"激活力强引力增实力》，http://dangjian.people.com.cn/n1/2022/1107/c441888-32560583.html。

② 中共仙居县委组织部：《浙江仙居县：全面开展"我是党员我带头"活动　激励党员干部冲在前、干在先》，http://dangjian.people.com.cn/n1/2022/0919/c441888-32529468.html。

积极探索乡镇党委领导联合社、支部领办合作社的路子。通过组织领办，践行了党员干部带头，算好了经济账、民生账、长远账，动员了群众广泛参与，打造了为农服务中心平台，提升了果品产业的发展活力和市场竞争能力，实现了村级集体经济壮大和农民持续增收的多赢局面。①

福建省宁德市积极推行由党支部领办合作社统一集中流转、统一生产发展、统一经营销售、统一分配收益。此举不但将农村分散的资金、土地、农房、山林、茶园、海域等要素整合起来，而且吸纳整合龙头企业、社会资本、致富能人等参与领办合作社的经营管理。支部领办合作社过程中，村党支部扮演产业发展、强村富民的引领者，群众对村集体有了依赖和信任，农村基层党组织的组织力和威信明显提升。②

山东省威海市文登区扎实开展基层党组织领办合作社工作。该区针对镇党委对村级集体经济发展缺乏有效抓手、村党支部领办合作社发展遭遇瓶颈、外部力量参与乡村振兴缺乏可行路径等问题，探索开展镇级领办合作社联合社工作。具体做法是：在村党组织领办合作社的基础上，吸收农业社会化服务的各类专业公司、供销合作社、种粮大户等力量，构建镇党委领办覆盖镇村两级的合作社联合社的体制机制。镇党委负责指导联合社制定总体发展和年度规划，在联合社决策重大事项前进行前置把关，对村级社重大项目、大额支出、贷款债务等关键环节审核把关，与此同时，统筹使用土地资源，整合涉农站所资源成立农业社会化服务中心，依托联合社

① 中共蒙阴县委组织部：《山东蒙阴县：创新"双领双全"模式 助力乡村振兴推动共同富裕》，http://dangjian.people.com.cn/n1/2022/1026/c441888-32552169.html。

② 中共宁德市委组织部：《福建宁德市：推行村支部领办合作社 找准共同富裕新路子》，http://dangjian.people.com.cn/n1/2022/0822/c441888-32508058.html。

建立乡村振兴人才库，做好上级政策资金承接工作。①

2. 领办乡村夜校

山东省胶州市在全市推广村党组织领办"乡村夜校"。该市将"乡村夜校"作为党建引领乡村治理的重要载体，把提升乡村治理能力作为出发点，出台《关于新村党委领办"乡村夜校"的实施方案》，明确由新村党委书记担任"校长"、网格村党支部书记担任轮值"班主任"。一方面，"乡村夜校"按照"满足群众需求、整合各类资源、实际使用实效"的原则，建立市镇村三级师资库，聚焦思想政治、道德先锋、纪法知识、文明乡风、纠纷调解、共商议事等内容，面向农民群众定期举办教育培训；另一方面，依托"乡村夜校"积极打造亲民平台，让邻里乡亲说知心话、拉家常，由新村综治中心党支部出面引导大家将矛盾摆在桌面上，把事情说明白、把政策讲清楚、把道理讲透彻，充分发挥"乡村夜校"共商议事、矛盾调处、法律服务的功能，做到小事不出网格、大事不出新村。该市还依托"胶州先锋"云平台对村党组织领办"乡村夜校"的情况进行动态考核。②

3. 领办社会服务

山东省沂水县针对无儿无女或子女不在身边的高龄老人、重度残疾人等脆弱群体生活得不到照料、精神缺乏慰藉等情况，推行农村基层党组织领办志愿服务队的做法。志愿服务队定期到这些群众家中开展志愿服务，填补了扶贫空白地带，确保困难群众物质精神

① 中共威海市文登区委组织部：《山东威海市文登区：创新推行镇级领办合作社联合社以党建联盟引领乡村全面振兴》，http://dangjian.people.com.cn/n1/2022/0826/c441888-32512631.html。

② 中共胶州市委组织部：《山东胶州市："小夜校"书写乡村治理"大文章"》，http://dangjian.people.com.cn/n1/2022/0729/c441888-32489434.html。

需求得到较好满足,还将企业、社会组织和群众的积极性充分调动起来。其中,该县下辖的解家官庄村早在2015年10月就由党支部引领成立了"寸草志愿服务队",坚持每周为村内80周岁以上老人提供志愿服务至今。①

内蒙古固阳县领办三级党群服务队,开展贴心为民服务。该县以党组织为核心,吸纳社会组织、党员干部、热心群众、爱心企业人士等加盟,组建三级党群服务队。各级党群服务队制定"党群服务明白卡",附上服务队员的联系方式,农民群众可以预约应急救援、医疗服务、生活服务、法律维权等项目的服务。同时,各级党群服务队采取"两主动五经常"方式送服务上门,坚持节日期间主动访、有困难时主动帮,经常到家交朋友、经常到家送政策、经常到家征求意见、经常到家了解情况、经常到家解决问题,努力做到困难群体需要什么、党群服务就提供什么。②

4. 领办共同富裕项目

贵州省铜仁市全面探索农村基层党组织领办发展壮大集体经济项目。具体做法包括:其一,推动村两委成员到村级集体经济(股份)合作社交叉任职、深度融合,确保村、社不出现"两张皮"的问题。其二,建立党员设岗定责考核机制,确保党员带头参与村级集体经济产业发展。其三,通过控股掌握村级集体经济(股份)合作社的决策权和控制权,确保股权保障集体利益不被淡化。其四,深化组织共建机制,引导村村联建,推行大村联小村、强村联弱村、富村联穷村的发展模式;引导村企联建,推行"村党支部+企业"

---

① 中共沂水县委组织部:《山东沂水县:探索农村党支部领办志愿服务队 全面提升党建引领乡村治理水平》,http://dangjian.people.com.cn/n1/2022/0902/c441888-32518331.html。

② 内蒙古固阳县党群服务中心:《内蒙古固阳县:"党群服务队"打通为民服务"神经末梢"》,http://dangjian.people.com.cn/n1/2022/0819/c441888-32506959.html。

发展模式；引导村社联建，推行"村党支部＋合作社"发展模式。①

江苏省连云港市赣榆区厉庄镇探索支部引路、党员带路、产业铺路工作模式。该镇和村级党组织在深入调研、综合比对的基础上，选定发展大樱桃种植产业。镇党委将温室大樱桃示范园项目列入镇年度重点项目，成立工作专班，由镇党委书记统筹领导，镇班子成员、村党组织书记、驻村第一书记分工协作，集中解决土地流转、农资采购、生产管理、物流运输等问题。村党组织带领全村党员先行先试，号召广大群众积极自愿参与，吹响了"富民兴村"集结号。②

浙江省台州市黄岩区探索推进党建引领"共富工坊"建设。该区以党建联盟为牵引，以企业为主体，以产业为核心，以村企联动为路径，推动机器下乡、设备进村，利用农村党群服务阵地、闲置房屋土地等"沉睡资源"创办"共富工坊"，有效带动村民口袋鼓起来、集体经济强起来、企业经营活起来。"共富工坊"是发动企业机器下乡、设备进村、加工入户的"新生工坊"，是在村企共建基础上实现企业、村集体、村民互利发展的"共赢工坊"，是党组织和党员干部以工坊服务联盟带动基层治理进而促进村民物质和精神双提升的"和谐工坊"。③

5. 领办综合性工程

山东省安丘市创新推进"党建统领、四社共建"工程，实行党

---

① 中共铜仁市委组织部：《贵州铜仁市：进一步深化"六共"机制　发展壮大村级集体经济》，http://dangjian.people.com.cn/n1/2022/0915/c441888-32526762. html。

② 赣榆区厉庄镇党委：《江苏连云港市赣榆区厉庄镇：以特色产业提质升级创建党群共富"联合体"》，http://dangjian.people.com.cn/n1/2022/0915/c441888-32526766.html。

③ 中共台州市黄岩区委组织部：《浙江台州市黄岩区：推进党建引领"共富工坊"建设助力扩中提低、稳进提质》，http://dangjian.people.com.cn/n1/2022/0819/c441888-32506983.html。

支部领办农村合作社、供销社、农村社区、农村信用社。通过领办，推动四社抱团发展，实现服务、组织、经营、金融四个优势组合，为加快推进乡村振兴注入强劲动力。为此，该市构建"纵向到底"的领导机制、"横向到边"的落实机制以及"覆盖全域"的服务机制。由此，将四社共建工程列入村党组织"星级创评"内容，作为村党组织书记的重要评价指标，要求农村基层党组织在构建为农服务上发挥桥梁作用，积极推动农民合作社、供销社、农村信用社深度合作。同时，引导广大党员先学、先试、先干，带头参与四社共建工程。①

领办制堪称党建引领乡村治理的一种重要方式。党建引领基层治理，是新时代党的建设新的伟大工程的重要内容，是增强党组织政治功能和组织功能的重要举措。党的二十大报告明确指出要坚持大抓基层的鲜明导向，强调要抓党建促乡村振兴。推进党建引领基层治理，既是政治要求，也是实践趋势。加强农村党建，提升治理效能，包含的内在机理也是党建引领基层治理。

概括说来，党建引领基层治理指的是：将全面加强党的建设和系统推进基层治理这两个过程科学统筹起来，以党自身的先进性提升基层治理的有效性。这两项工作，在路径方式上相互嵌套，在实施过程中"携手并进"，在根本目标上别无二致，始终坚持在人民创造历史的过程中体现党的领导核心作用，切实做到完成党的各项工作与实现人民利益的有机统一。研究发现，若要收获党建引领基层治理的理想效果，在推进过程中，一要杜绝和克服"戴帽子"倾向。有的地方意识到"党建引领基层治理"是现阶段基层党建和基层治理创新的可为空间，为彰显政治正确和执行有力，将所有基层工作

---

① 中共安丘市委组织部：《山东安丘市："党建统领、四社共建"助力乡村全面振兴》，http://dangjian.people.com.cn/n1/2022/0928/c441888-32535934.html。

都戴上"党建引领"的"帽子"。二要杜绝和克服"悬浮化"倾向。由于相关部门之间缺乏有机协作，对基层党建和基层治理这两项工作，在谋划环节没有一体化设计，在落实阶段没有协同化推进，脱节问题突出。这种部门主义思维和割裂式做法，造成大量资源闲置和浪费。三要杜绝和克服"替代"倾向。有的地方把"党建引领"理解为"党的领导"，把"党领导一切"曲解为"党管理一切"，凸显以"党建工作替代基层治理工作"的倾向，回到"就党建抓党建"的老路上。这种倾向还派生出"党员替代群众"的情形，形成"党员干，群众看"以及"党员干部忙上忙下但忙不到老百姓心里去"的局面。在这种情形下，基层党组织难以真正实现把党的路线方针政策和党中央的决策部署贯彻落实好、把各领域广大群众组织凝聚好的目标。

乡村治理创新，永远在路上。但是，坚持党的全面领导是不可动摇的根本原则，把农村基层党组织建设成有效实现党的领导的坚强战斗堡垒是不可改变的工作重点。"一定要认清，中国最大的国情就是中国共产党的领导。什么是中国特色？这就是中国特色。中国共产党领导的制度是我们自己的，不是从哪里克隆来的，也不是亦步亦趋效仿别人的。"[1]

---

[1] 习近平：《坚持党对一切工作的领导（二〇一三年十二月——二〇一七年十月）》，载《习近平著作选读》第一卷，人民出版社，2023，第190页。

第四章
完善村民自治，激发治理活力

党的二十大报告指出：要健全基层党组织领导的基层群众自治机制，加强基层组织建设，完善基层直接民主制度体系和工作体系，增强城乡社区群众自我管理、自我服务、自我教育、自我监督的实效。推进乡村振兴战略实施和共同富裕目标实现过程中，村民自治是农村经济社会发展的重要基础，是提高村民参与村庄公共事务的重要手段，也是推进自治、法治、德治"三治融合"乡村治理体系建设的前提条件。

一、加强村民自治制度

村民自治制度是在中国共产党领导下，在宪法和法律的规范下，村民通过民主选举、民主决策、民主管理和民主监督方式来管理行政村事务，实现村民的自我服务和自我监督。从民政部《关于在全国农村开展村民自治示范活动的通知》的具体内容来看，村民自治制度的主要内容是指依据《中华人民共和国村民委员会组织法》和所在省级人大常委会制定的具体实施办法确定的，立足于村民群众依法办理自己的事情，实现村民的自我管理、自我教育、自我服务。侧重点则是：依法选举村委会干部，建立村民会议或村民代表会议制度，建立健全村委会的治保、调解、公共卫生以及村民小组等下设机构和组织，制定必要的规章制度和村规民约，完成乡（镇）政府依法布置的各项国家任务。

我国的村民自治最早开始于 20 世纪七八十年代，随着人民公社逐渐解体，村民自治制度在农村逐步发展起来。经过国家认可之后，全国范围内的村民自治制度得以依法正式运行，为乡村治理体系的有效建设打下了坚实的制度基础。从村民自治制度的历史演变过程来看，具体可以分为探索阶段、起步阶段、发展阶段与提升阶段。

1. 20 世纪 70 年代末 80 年代初为村民自治制度探索阶段

在这一时期，由于集体化时期的生产队、生产大队和人民公社逐渐解散，乡村治理混乱，乡村社会急需一个新的群众组织来开展乡村治理工作，以有效维持乡村社会内部稳定的秩序和农民生产生活的安定。1980 年，广西壮族自治区河池市宜州区屏南乡合寨村全体村民在一棵大樟树下，通过投票选举成立村民委员会，制定《村规民约》，率先实行了村民自治，开创了中国农村村民自治的先河。此后的一段时间为村民自治基本处在摸索实践阶段，从农村社会的实际需求出发来进行村庄的自我管理与自我建设。随着农村社会中村民的各类需求不断增多，村民委员会也在不断完善自身的各项功能，为的就是能够有效维持乡村社会的良好秩序，保障当地农民生产生活的有序开展。1982 年修订的《中华人民共和国宪法》明确规定了村民委员会的性质，即村民委员会是基层群众性的自治组织，村民自治实践自此得到了国家最高法的认可，这也为村民自治的实施提供了根本的法律保障。总的来说，在这一时期，村民自治制度基本确立，但从其具体内容上看依然不明确、不系统、不完善，整体上仍处在探索阶段。

2. 20 世纪 80 年代末为村民自治制度起步阶段

1983 年，中共中央、国务院发布《关于实行政社分开，建立乡政府的通知》，开始实行政社分开，建立乡镇政府。随着政社分开制度的实施，基层政权管理与乡村社会治理分离，乡镇人民政府成为基层政权结构的最末端，乡镇政府以下则实行村民自治，即村级公共事务由村民自行管理。[①] 1988 年，《中华人民共和国村民委员会组织法（试行）》开始实施，围绕农村基层民主制度化做出了三方面的规定：一是有关村民利益的重大事项，都由全体村民通过村民会议讨论后投票决定；二是村民委员会应按照村民会议的决定开展工作，不仅要对村民会议负责、汇报工作，还要接受全体村民的监督；三是村民委员会的工作要坚持民主集中制原则，坚持群众路线，充分开展民主活动，倾听不同意见，避免发展成为行政机关的下属机构。[②]

3. 20 世纪 80 年代末到 20 世纪末为村民自治制度发展阶段

1998 年，新的《中华人民共和国村民委员会组织法》（以下简称《村委会组织法》）公布并实施。在新的组织法的指导下，村民委员会的各项自治制度更加完善，村民代表会议的相关内容和村民代表会议制度进一步明确。同时，新的《村委会组织法》对村务公开内容进行了进一步扩充，详细规定了村庄事务公开的内容、时间、地点、方式等。这一时期是村民自治制度的快速发展期，围绕农村各项公共事务形成了一系列明确且有效的村民自治制度，激励村民积极参与村庄公共事务，提高了村民对乡村发展的参与度和贡献度。

---

① 康俊亚：《新农村建设过程中的村民自治研究》，硕士学位论文，华东师范大学人文社会科学学院政治学系，2009，第 7 页。

② 孙红军：《论村民自治的理论与实践》，硕士学位论文，山东师范大学马克思主义理论和思想政治教育专业，2001，第 21 页。

4. 21 世纪初以来为村民自治制度的提升阶段

新的《村委会组织法》实施后，有效地推进了村民自治制度的建设，尤其是从地方实际出发形成了一系列的法律法规和地方制度。随着全国各地陆续开展村民自治的实践，村民自治的创新实践也不断多样化，形成了颇具地方特色的村民自治制度。从实践层面来分析，由于不同地域、不同文化、不同类型的村庄在村民自治方面存在着一定的差别，难以通过统一的制度来全面推进自治工作的开展。因此，各地在新的《村民委员会组织法》的指引下，充分结合本地情况，形成了符合当地实际情况的村民自治制度，有效化解了各地区乡村治理过程中面临的各类困境与问题。与全国人大制定的法律相比，地方配套的法规规章对村民自治的规定更加深入细致，在村民自治的实践中发挥了重要的作用。[①]

村民自治制度的建设是推进新时代乡村治理的重要方面，也是不断提升乡村治理水平的重要体现。在新的发展阶段，自治、法治、德治相结合的乡村治理体系建设是一大趋势，为了更好地服务乡村居民，早日推进全域范围内乡村振兴战略和实现共同富裕的目标，村民自治制度建设必然是首要的也是最重要的工作。这就要求各地围绕村民自治制度的建设内容，从村民自治的主体意识、规范体系、组织结构以及协调机制等方面入手，加强相应的建设工作，逐步提高当前乡村治理体系中村民自治制度的发展水平。

（一）加快村民自治制度规范体系的建设

在宪法有关规定的指导下，村民自治制度得以快速、多样化发展，在原有乡村治理实践基础上形成了一个相对完整的制度规范体系，即围绕村民自治制定相应的国家法律、地方性法规以及村规民

---

① 胡皓然:《我国村民自治制度的检视与构建》,《学术界》2016 年第 7 期。

约，制度规范体系的建立为村民自治的实施提供了有力的保障。不过，现阶段乡村治理面临着一系列新情况、新问题，村民自治制度规范体系仍不完善，需要通过进一步加强村民自治制度的建设来提高乡村治理的整体水平，为乡村治理体系的健全奠定良好的制度基础。具体来分析，村民自治制度规范体系的建设可以从制定村民自治基本法、完善地方性法规以及健全村规民约三个方面入手。

1. 制定村民自治的基本法

随着乡村治理体系建设的需要，对村民自治制度建设的要求在不断提高，亟需尽快完善已有的村民自治法律法规。党的十九大报告提出了乡村振兴战略，提出需要建立自治、法治、德治相结合的乡村治理体系，并对村民自治制度建设提出了新要求，这就需要结合当前乡村治理的实际情况，出台一部村民自治的基本法，以体现村民在乡村治理过程中的主体性地位并有效规范村民自治的各项行动。从我国目前的立法体系来分析，制定村民自治的基本法有助于填补当前村民自治制度的空白。目前，宪法对村民自治制度已有认可，地方性法规、规章也有具体规定，还有村庄内部村规民约的详细说明，但是在基本法层面缺少对村民自治内容的规定。村民自治基本法的制定，有助于立法体系的逐步完善，有助于加强村民自治制度体系的建立健全，更有助于乡村治理实践中村民自治的有序开展。

对村民自治基本法制定的目标和内容需要进行一系列的说明与解释，以便更好地明确村民自治基本法的制定对完善村民自治制度规范体系的重要价值。村民自治基本法的制定目的是更好地推进乡村治理体系建设、开展乡村治理实践。村民自治基本法的实施，能够有效地保障乡村治理过程中村民自治的实现，进一步推进村民自治制度规范体系的建设。村民自治基本法的构成内容，主要对村民自治过程中村民的权利、义务进行规定，对村民自治的形式、程序、方式以及规则等作出明确规定，对民主选举、民主决策、民主管理、民主监督的形式、程序和规则等作出规定，对违反村民自治基本法行为的法律责任以及途径进行说明，便于采取正当有效的方式来维护实施主体的权利。

2. 完善村民自治的地方性法规

在宪法这一根本法的指引下，制定村民自治基本法，能够有效地推进村民自治制度的建立健全，但在具体实施层面还需要一系列地方性法规来作出进一步的规定和说明。

村民自治基本法的制定在村民自治制度建设中发挥着领导者和指挥者的作用，在具体实施和执行层面则需要各类地方性法规来补充和完善。各类地方性法规的制定主要围绕以下几方面来展开。第一，地方性法规的制定主要是为了顺利、有效地推进村民自治工作的开展。相比于村民自治基本法的制定，地方性法规的制定更应该具有实际的操作性，能够从解决实际问题出发，提高地方性法规在村民自治实践中的适用性和实践性，让我们能在乡村社会内部有效地推行村民自治，促进乡村治理体系和治理能力的现代化。第二，地方性法规的核心任务是在村民自治基本法的指引下具体细化和落实村民自治制度。与村民自治基本法主要是关于村民自治的原则、内容、程度、方式进行大致规定有所不同，地方性法规需要对村民自治基本法内容进行明确的细化，使之能够直接应用到乡村治理实践中去。所以，不同地域、不同文化、不同类型的乡村的村民自治地方性法规也会有所不同。第三，在村民自治地方性法规制定中需要明确规定违反法规行为的法律责任。地方性法规是立足于地方乡村社会的实际情况形成的制度，能够更有效地满足实际乡村社会的各类需求，应因地制宜地规定违反法规行为应承担的法律责任。例如，在少数民族地区，可以从当地的民俗习惯、传统文化等方面出发，制定一些惩罚性措施来纠正违反法规的行为，在推进少数民族地区开展村民自治工作的同时，形成具有地域性、民族性特色的法律责任追究机制，提高地方性法规的适用性。

3. 健全村民自治的村规民约

相比于村民自治基本法和地方性法规具有正式制度的特征，村规民约则是当地村民在长期的生产生活实践中形成的非正式制度。从具体内容来看，村规民约主要是规范村风民俗、社会公共道德、社会管理、精神文明建设等方面的规章制度。从"三治融合"的乡村治理实践来分析，村规民约是乡村治理体系建设的重要内容，它是开展乡村治理的有效途径，通常是结合乡村实际情况做出合理、有效的规范，是对村民自治基本法和地方性法规的一种重要补充。

从当前村民自治村规民约建立健全的角度来分析，需要从以下几方面加以完善。一是村规民约必须符合村民自治基本法和地方性法规的要求，结合地方乡村社会的实际情况来制定。当前村民自治村规民约的制定，需要从正式法律法规层面出发，形成符合本村实际情况的村规民约。这类制度是符合新时代法律制度精神的民间法律规范，同时，这类制度的地方适用性较强，也最有可能促使当地村民积极参与乡村自治的各项工作。二是村规民约需要对村民自治主体的权利和义务做出明确的规定，让实施主体能够切实地从乡村社会的实际出发来推进村庄治理工作的有序开展。立足于乡村在自然、地理、经济、社会、文化等方面的不同，在村规民约制定过程中需要详细说明主体的权利和义务，以此来更明确、合理规定实施主体如何在乡村治理实践中推行村民自治，从而把村规民约切实地转化成有效的实践制度，让村民自治符合当地农村社会的实际情况并有效推进。三是村规民约的制定必须符合相应的法律法规的制订程序，从保证程序正义的角度促使更多的主体能够自觉地遵守村规民约。村规民约的制定必须通过村民会议投票表决后才能有序开展与实践，确保每一个村民主体在制度制定过程中充分表达自己的意见、行使自己的权力。通过公开、公平、公正的制定程序，经过全体村民民主讨论后，在村民会议上进行投票表决。表决通过之后，还需要按照法律法规的程序，向乡镇一级报告备案。乡镇政府则需要设立备案审查小组，对村规民约进行全面审查，司法部门也要对其进行司法审查。

从实践层面来分析，已有不少地区结合地方的实际情况，制定和利用村规民约来推进乡村治理。北京顺义区把村规民约作为村民自我管理、自我服务、自我教育、自我监督的重要规范，以及强化基层社会治理的重要内容。各村庄通过集中村民的意见、聚焦核心问题、强化精准施策，实施监督奖惩机制，制定和出台切实有效的村规民约，以强化村庄内部的秩序建设，加强乡村治理。主要有以下几方面值得借鉴。一是多方参与制定，确保村规民约"规"得准、"约"得实。具体表现为：充分征求村民的意见，开展深入调查，对相关意见和资料进行梳理和总结，并通过村两委、村民代表大会和当地乡镇各部门组织讨论，吸收全体村民的意见和建议，最后由村民代表大会表决通过，报乡镇政府备案。二是精准施策，确保村规民约入到"户"、起到"效"。具体为：对村规民约加以宣传，以各种戏曲、快板、歌曲以及墙画、标语等形式，让更多的村民能够理解村规民约的主要内容和核心内涵；完善村规民约的执行方式，明确其适用范围、实施程序、考核办法和奖惩措施，提高村规民约的实际可操作性；同时，强化村规民约的监督奖惩机制建设，加强村民、党员等对村规民约实施情况的监督，对村民的日常行为进行合理的奖励和惩罚，提高村规民约的可适用性。三是有序开展，确保村规民约能够发挥效用。村规民约是基层党组织凝聚群众力量的重要载体，有助于村党支部的组织领导和党员模范带头作用的发挥。以村规民约为抓手推动村干部正确履行职责，畅通村民的诉求渠道，进一步密切了党群干群之间的关系。村规民约聚焦于村民高度关注的难点、重点问题，促进邻里家庭、社会治安、平安建设、公共道德方面行为的调处和规范，促进地方社会的和谐有序。村规民约还能够总结提炼村庄发展中的传统文化、文明风尚等内容，丰富村民的文化生活和精神追求，增强他们的文化自信。

（二）强化村民自治主体组织结构的建设

党的十八届三中全会强调"全面深化改革的总目标是完善和发展中国特色社会主义制度，推进国家治理体系和治理能力现代化"[1]。加强村民自治制度建设，除了从主体意识上改变、用具体制度规范体系建设之外，完善村民自治主体组织结构也是至关重要的内容。只有村民自治主体组织结构建立健全，才有可能顺利推进村民自治实践，助力乡村治理结构的全面建设。村民自治主体组织结构从上到下可以分为村民委员会、村级集体经济组织和其他社会组织，只有各类村级组织的有效建设，才能够促进整体乡村治理工作全面、有序地推进。

---

[1]《中共中央关于全面深化改革若干重大问题的决定（二〇一三年十一月十二日中国共产党第十八届中央委员会第三次全体会议通过）》，《人民日报》2013年11月16日第1版。

1. 加强基层村级党组织的领导

在推进国家治理体系和治理能力现代化进程中，需要充分加强中国共产党对乡村治理体系的领导与建设。加强党对农村工作的领导、完善农村基层党组织建设，是农村改革发展稳定的政治和组织保证。第一，农村基层党组织在乡村组织体系中居于核心地位。《中国共产党农村基层组织工作条例》明确规定党的农村基层组织应当加强对各类组织的统一领导，打造充满活力、和谐有序的善治乡村，形成共建共治共享的乡村治理格局。第二，村级党组织在村庄重大事项决策中发挥着领导核心作用。《中国共产党农村基层组织工作条例》规定村级党组织的主要职责之一，是讨论和决定本村经济建设、政治建设、文化建设、社会建设、生态文明建设和党的建设以及乡村振兴中的重要问题并及时向乡镇党委报告。将党的领导和村民当家作主紧密结合起来，规定需由村民委员会提请村民会议、村民代表会议决定的事项或集体经济组织决定的重要事项，经过村级党组织研究讨论后，由村民会议、村民代表会议或者集体经济组织依照法律和有关规定作出决定。

推进村民自治制度建设，加强基层村级党组织建设至关重要，要充分发挥基层村级党组织在村民自治制度建设中的领导示范效应。一是完善村级党组织队伍的建设水平，提高村级党组织在村民自治实践中的影响力。在乡村社会内部，村级党组织作为主要的领导机构，需要不断加强自身的队伍建设，及时吸收乡村社会的地方精英、行业能人以及回乡大学生等，在壮大村级党组织队伍的同时提升党组织队伍的建设水平。二是加强村级党组织成员的日常学习培训，提升村级党组织在乡村治理工作中的领导力，保障村民自治实践的有效开展。以村民党员为主构成的村级党组织，在村庄日常公共事务实施过程中发挥着重要的领导、示范与组织作用，为了进一步增强村级党组织的领导力并组织村民参与村庄公共事务，需要不断加强党员的学习和培训工作，通过领会上级政策文件精神、开展实践活动、学习先进事迹以及外出参观考察等方式来提升村级党组织的领导力与组织力，助力村民自治制度的高水平建设。三是发挥村级党组织在村庄公共事务开展中的领导与组织效用，推进村民自治制度在村级党组织领导下的建立健全。在国家治理体系和治理能力现代化背景下，要加快乡村治理体系和治理能力的现代化，就需要村级党组织在乡村治理过程中充分发挥强有力的领导力和组织力，让更多的村民能够自觉、主动地参与村庄公共事务的治理。注重村级党组织在村庄公共治理中的领导地位，始终把村级党组织作为村庄发展和公共事务实施的领导组织，以党建统领村庄的日常事务。以村民党员作为推进村级党组织发挥效应的重要实施者，通过党员先锋模范作用、党员联系户机制、党员帮扶机制等方式带领村民参与乡村治理，体现村民自治的重要作用和核心价值。以村级党组织为领导，结合村民小组、网格化管理单元来进一步细化乡村治理体系，以村民自治方式来落实、落细各项乡村治理事务，实现乡村治理精细化目标。

强化党组织在基层治理体系中的统领作用，不断提高乡村治理的整体水平。浙江省温岭市始终坚持以党建统领，科学有效地设置网格，通过强化党组织覆盖和工作覆盖纵深下沉，推动基层治理和为民服务不断延伸，具体有如下几个方面的经验。一是精细化设置乡村治理网格，消除党建空白点。温岭市结合当地村庄的实际情况，从地域特点、人口数量、居住密度、生产生活习惯等方面出发，因地制宜地划分网格区域。按照党支部建在网格上的模式，整合网格内的党员，建立网格党支部小组，形成以党员干部为主体、各类乡土人才共同参与的治理新格局。二是促进服务下沉，有效回应基层的各类诉求。深化网格员结对联系农户与深入了解民情机制，以网格议事方式对村级发展重点事、群众反映烦心事、村级治理公共事等展开讨论。建立网格"最多跑一次"机制，丰富村级便民服务中心办事项目，实现"代跑办理"模式，完善便民服务机制。三是强化党支部的保障体系，打造有效的治理共同体。通过基层党支部系列建设活动，扎实整转后进村党组织，落实党员队伍提质争优，打造引领基层治理的坚强堡垒。依托村镇党群服务中心等平台，积极开展党建、纠纷调解等方面的业务培训，逐步提升网格员专业化服务水平。强化基层网格的评价体系建设，对网格员进行积分排名，开展优秀网格员评比，并给予适当的奖励。四是积极发挥网格治理作用，进一步凸显治理成效。加强"一切工作到支部"理念的深化，凸显党建引领作用的发挥。党支部建立在网格治理单元之上，形成"乡镇党委—村党组织—网格党支部—党员联系户"四级组织架构，全面提升党组织在村级治理中的组织力。此外，还建立健全村级快速响应机制，发挥网格员前端处置的能效，及时化解各类突发性问题，帮助群众解决在日常生产生活中遇到的问题。

创新乡村治理手段以实现干群关系良性互动，有效推进乡村自治在党建引领下进一步提高治理水平和治理能力。浙江省建德市利用创新治理手段实现"走村不漏户，户户见干部"，具体有如下措施。一是在全市范围内创新治理手段，加强党员深入群众的走访活动，实现治理方式的转变。当地村庄积极推进全员参与、全面走访，干部积极完成各类走访任务，与农户进行深度访谈，并将访谈情况详细记录在登记本上，全面掌握村庄中的各类信息。对群众面临的困难和问题及时反馈并有效解决，进一步拉近党群、干群之间的关系。通过深入走访调查，了解群众面临的各类现实困境，实现乡村治理的良性互动，减少群众因各类问题上访的情况。二是全面落实党员干部深入群众走访调查制度，提高乡村治理的整体水平。党员干部加强走村入户蹲点调查，针对生活困难、遭遇困境、老弱病残等情况深入走访，切实帮助困难群众解决实际问题。在党委的领导下，以村为单元，由村党组织牵头，各组织成员共同参与，开展村级运行、管理和为民服务的活动，探索"开放式网格党建、区域化统筹服务"，完善为民办事的代理制度，深化基层服务型党组织建设。全面推行党员干部考评制度建设，开展群众知晓度、群众满意度测评，通过明察暗访、新闻曝光等方式来强化正风肃纪和效能问责，建立党员干部为民办事的考核制度。三是逐步健全走访调查机制，加强党员干部的领导组织能力。不断健全走访调查机制，确保走访持续运行，从机制建设入手，着力破解"走不动""办不了""下不去"等实际问题，确保事事有人管，有效提升群众满意度。做到以走促干，在走村访户中强党建、促发展、优治理，创新乡村治理"最多反映一次"、乡村善治"道德银行"等做法，有效化解信访积案、综治维稳等难题。针对年轻干部全面建立导师带徒制度，开设走访调查讨论课堂，让广大年轻党员干部深入了解走访调查的重要意义。一些乡镇和行业部门制订了《基层干部走村访户工作规范》，涵盖走访要求、走访任务、走访职责、走访流程、走访纪律等标准化清单，让干部走访有章可循、有制度可依。①

2. 加强村委会自治组织的建设

在推进乡村治理的村民自治制度建设中，村民委员会自治组织的建设是重要的组织基础。村民委员会是乡村社会村民自治的重要组织载体，通过动员、组织村民积极参与乡村治理，让村民充分

---

① 澎湃网：《初心·使命｜寿昌镇"走村不漏户、户户见干部"基层初心教育馆正式开馆》，https://m.thepaper.cn/baijiahao_4523869。

表达自己的看法，合理反馈对村庄公共事务的意见。一方面，村民委员会是乡村社会村民自治的核心组织，也是组织村民参与公共事务、维持乡村社会稳定秩序的重要实施主体。村民委员会立足于村民自治这一核心要义，始终把村民自治作为村庄公共事务实施的重要原则，充分表达村民的各项意见，实现全体村民公共利益的最大化。另一方面，村民委员会代表了全体村民的共同利益，也是推进共建共治共享乡村治理格局形成的重要动力来源。乡村治理工作涉及乡村社会的方方面面，在实践中需要通过合理的组织协调机制来推进乡村治理的有效开展，这类组织代表全体村民执行治理乡村的各项公共事务工作。村民委员会是经过全体村民共同选举产生的村民自治组织，自然能够代表全体村民的共同利益，以符合绝大多数村民利益的方式来推行村民自治制度。

加强村民委员会组织的建设，是强化村民自治制度的重要内容。第一，加强党建统领下村民委员会组织体系的建设，发挥村民委员会在乡村治理中村民自治的角色和作用。在村级党组织的领导下，村民委员会可以充分发挥乡村治理过程中村民自治的力量，充分调动当地村民的积极性来参与村庄公共事务治理。基于村级党组织—村民委员会的组织构架，形成乡村治理中合理的村民自治组织结构，推进村民自治实践的常态化运作，促进乡村自治、法治、德治"三治融合"机制的建设。第二，加强村民委员会组织队伍的建设，提高乡村社会中村民自治的治理水平。随着经济社会的持续发展，乡村社会发生了翻天覆地的变化，越来越多的农村劳动力流入城市，把城市生活中的观念、行为带到乡村，这对乡村治理提出了一系列新的挑战。为了应对新时代乡村治理中的各类新问题、新现象，村民委员会组织需要加强自身的学习与实践，提高其成员发现问题、分析问题和解决问题的能力，提高乡村社会中村民自治的整体实力，促进乡村治理体系和治理能力现代化。第三，完善村民委员会选举流程，确保选举过程公开、公正与公平，确保村民委员会能够代表绝大多数村民的利益。在新时代乡村治理体系建设过程中，需要确保村民委员会是基于公开、公正与公平的选举过程产生的，村民委员会能够最大程度地代表绝大多数村民的利益。所以，在村民委员会的产生方式上需要进一步强化选举流程的规范化、制度化、公正化，切实选出维护绝大多数村民利益的村干部。同时，在村级党组织的领导方面实行"一肩挑"，进一步提高村民自治的整体水平。

提高村级组织的整体实力，助推基层自治组织减负增效，实现村级组织在乡村治理中的治理增效目标。重庆市渝北区通过建立自治清单、协助清单、负面清单、证明清单"四张清单"制度，有效厘清了村级组织工作范畴，明确了基层工作权责，实现了松绑减压提效能、高效服务谋发展、多元共治促和谐的目标，积极打造政府治理、社会协同和村民自治互动的良好乡村治理格局，具体措施如下。一是定好自治清单，逐步提升村级组织的治理能力。根据上级法律法规与制度规范，结合当地实际情况，梳理确定村级组织调解民间纠纷、办理公益事业等自治事项，进一步明确村级组织依法履职工作的内容，厘清工作责任边界，发挥村级组织在基层治理中的基础性作用。强化村级组织在带领广大农民群众生产生活方面的引领力、组织力、凝聚力与战斗力，形成共建共治共享的良好治理局面。二是定好协助清单，推进多元共治。明确村级组织应当依法协助政府做好社会救助、维护辖区社会治安等工作清单，区县级部门从指导服务、人员配备、经费投入等方面，为村级组织依法协助政府工作事项给予支持和保障。以社区为平台、社会组织为载体、社会工作者为支撑，大力推进社区、社会组织、社会工作者"三社联动"，开展心理疏导、资源链接、权益维护等社会工作，引导区县级部门购买相应的服务，实现资源互通、多元共治，更好地为困难群众排忧解难。三是定好负面清单，推动松绑减负。明确规定将村级组织作为行政执法、拆迁拆违、环境整治、城市管理、招商引资、协税护税、生产安全管理7项工作的责任主体。让村级组织卸下包袱、轻装上阵，集中精力开展村民自治，服务群众、推动发展。结合实际需要，对法律法规规定需要新增或取消的负面事项，进行严格的事前协商、评估审核、审定批准程序后，动态纳入清单管理。四是定好证明清单，提高服务质效。尽可能地取消村级组织需要出具的证明事项，简化办事流程，统一办事指南，为村民提供"一门式办理""一站式服务"。对国家有关部门要求群众提供的证明事项、民商事主体或其他社会组织要求群众提供的证明事项，可由村级组织依法据实提供。对其他未纳入事实证明清单的，村级组织应依法据实出具证明，为群众提供高效优质的服务。

3. 加强村级集体经济组织的建设

在乡村振兴的背景下，农村集体经济组织被定位为发展乡村产业、保障农民收入及完善组织建设的重要载体。2021年,《中华人民共和国乡村振兴促进法》明确指出，将农村集体经济组织作为乡村产业振兴的重要组织平台，提出"国家完善农村集体产权制度，增强农村集体所有制经济发展活力，促进集体资产保值增值，确保农民受益"。农村集体经济组织被视为稳定农民增收渠道的重要途径，国家将采取措施支持农村集体经济组织发展，为本集体成员提供生产生活服务，保障成员从集体经营收入中获得收益分配的权力。农村集体经济组织在维护村民自治的乡村社会秩序中有着重要作用，是促进乡村治理体系和治理能力现代化的经济基础。

对村级集体经济组织建设而言，需要从多方面入手来予以强化。一是加强对村级集体经济组织的政策制度支持，构建一系列有效的发展路径来推进村级集体经济组织的建设。当前，村级集体经济组织还比较薄弱，大部分村级集体经济组织依然面临着经济收入增收乏力的问题。要从国家政策和制度层面对村级集体经济组织予以倾斜，采取一系列有效的机制来促使村级集体经济组织逐渐发展壮大，使其具有经营村级集体经济的实力和水平。二是改善村级集体经济组织的经营方式，逐步提高村集体经济收入水平。村集体经济收入是保障村民自治的乡村治理体系能够成功建设的重要因素，但村级集体经济组织在实际经营过程中缺乏企业的专业性，容易出现经营不善的问题。所以，一方面要从政策制度层面对村级集体经济组织进行合理扶持，帮助其在一些风险较小的经营领域内从事经营性活动，确保村集体经济收入稳步增长；另一方面，还可以引入一些专业的职业经理人，从专业运营的层面来经营企业，以提高村集体经济收入中的经营性收入比重。

加强村级集体经济组织建设，推进乡村集体经济的发展壮大，可为村庄各项事业发展提供坚实的经济基础。山东省章丘区鸣羊新村在发展壮大村级集体经济过程中，充分发挥党建引领、村庄组织积极参与的作用，把原来的荒山荒坡变为果树林和游乐场，实现了"绿水青山就是金山银山"的有效转化，具体采取下列措施。一是加强村干部队伍建设，以党建引领带动村庄集体经济的发展壮大。村集体经济发展过程中必须立足于当地村庄的实际情况，以生态的、可持续的发展方式来推进当地的自然、生态资源进行生态产品的有效转化，形成村集体经济发展壮大的良好格局。发挥党组织在村集体经济发展壮大过程中的重要引领作用，减少组织建设过程中对村庄发展带来的负面影响。二是发挥村庄组织在村集体经济发展过程中重要的组织、协调和合作能力。在村集体经济发展过程中，需要利用村庄组织来进一步协调和组织村民积极参与村庄集体经济发展，提高村民的集体认同感和归属感，形成强有力的村集体行动能力，推进村集体经济的多样化发展。三是发挥当地村民参与村集体经济发展的积极性，以实际行动来助力村集体经济发展。村集体经济具有较强的集体性质，属于全体村民所有，其存在与发展是为了更好地服务于村庄的发展和村庄各类公共服务的提升。充分发挥村民在村集体经济发展中的作用有着重要的价值和意义，有助于增强村民对村集体组织的认同感和对村庄的归属感。

4. 加强村级其他社会组织的建设

新世纪以来，我国各地乡村涌现出许多不同类型的社会组织，成为村民自治的一种重要表现方式。培育和发展乡村服务性、公益性、互助性的社会组织，有利于加快发展乡村社会的各项公共事业，进一步缩小城乡社区基本公共服务之间的差距，还有助于完善村民自治机制的乡村治理体系。从定义上来分析，乡村社会组织是指县及县以下的乡镇、村落范围内，由乡村基层群众自主成立或参加的，以满足不同需求为目的的，从事经济、科技、教育、卫生、文化、环保、慈善等活动，具有非营利性、公益性、志愿性及地域性等特点的社会团体或民办非企业单位。

加强村民自治制度的建设，乡村社会组织的建设必然是重要的组成部分，这也是推进乡村治理体系不断完善的重要内容，具体有如下措施。一是改革创新基层社会组织登记管理制度，降低社会组织的准入门槛，实行社会组织登记与备案并存的双轨制管理方式。针对乡村社会组织发展经费短缺、实力较弱、规模较小等实际情况，管理部门可从制度层面适当放宽乡村社会组织的人员、资金、办公场所等方面的限制，适当降低准入门槛，简化登记程序，把符合条件的乡村社会组织纳入民政部门的监督管理范围，实施有效的监督管理。对那些难以达到条件的乡村社会组织，则可以采用备案的方式来进行日常管理，并给予一定的政策支持来促进其发展壮大。二是健全乡村社会组织的法律制度体系，强化社会组织在乡村地区开展村民自治的功能。随着乡村基层社会组织的不断发展壮大，现有的社会组织管理的法律法规已无法适应社会组织持续发展的需求，需要国家立法机关对其进行完善。立法机关需要结合乡村基层社会组织发展的现状，对《社会团体登记管理条例》和《民办非企业单位登记管理暂行条例》进行修订完善。同时，从地方政府的角度出发，结合乡村社会组织的发展情况及时制定各类地方性法规，为乡村社会组织的发展创造一个规范、有序的法治环境。三是从社会组织自身而言，进一步加强规范化管理，培养专业型人才，提升组织发展水平。对民政部门而言，针对当前乡村社会组织制度不健全、活动开展不固定、经费管理不规范、日常运行不顺畅等问题，需要从制度层面出台相应的规范来约束乡村社会组织的各种行为。同时，出台相应的人才培养方案，培育一批乡村社会组织的专业人才，为乡村社会组织的长远发展奠定相应的人力资源基础。此外，还需要逐步提高乡村社会组织的专业服务能力。相关政府部门应持续推动治理、服务资源的下沉，会同乡镇、街道和城乡社区党组织、村（居）民委员会落实各部门的责任，逐步提升农村基层社会组织的专业服务能力。

在党建引领乡村治理过程中，积极引入专业社工机构，支持社区社会组织参与公共事务和公益事业，满足群众多样化的服务需求，促进新时代新农民的培育。四川省成都市战旗村积极引入与培育各类社会组织，促进乡村治理机制的建设，提高乡村治理的整体水平，具体采取如下措施。一是引入专业社工机构，围绕村民需求开展服务。当地村两委通过走访调查，了解村民的现实问题和需求后，引入成都同行社会服务中心，整合社区资源，采用专业化手段和方法，有计划、有步骤地为村民提供个性化、专业化、规范化服务。根据村庄内青少年学生多、老年人多的现状，实施了"促国学经典 颂扬家风家训"和"老年人健康工程"两个社会工作项目，整合当地小学和高等专科学校的志愿者资源，开设国学、绘画、手工等课堂，开展"创美家园"环保公益等活动。二是培育社区社会组织，助力社区发展治理。在党组织的领导下，发挥村委会的组织功能和社会力量的协同作用，强化多元共治协同管理机制。在基层党组织的引领下，开展社区社会组织孵化扶持、备案管理、组织运行等工作，支持社区社会组织参与社区公共事务和公益事业，注重将自娱自乐型的社区自组织转化为服务型、公益型、互助型的社区社会组织和志愿服务组织，为当地村民提供维护庭院卫生、扶老助困、儿童关爱、残疾人康复等志愿公益服务。通过社区社会组织在乡村治理工作中发挥的积极作用，有效建立起乡村治理各类组织协同参与机制，进一步提高乡村治理的整体水平。

（三）注重村民自治主体协调机制的建设

村民自治制度的建设是农村基层民主形式的重要体现，体现了村民自主管理事务的权力，也表现为政府部门、村级党组织、村民委员会、其他村庄组织之间协调有序的内在关系。为了进一步加强村民自治制度建设，推进乡村治理，村民自治主体之间的协调机制建设迫在眉睫。当前由于各主体之间关系不顺的现象还多有存在，容易影响村民自治制度的有效建设，造成乡村治理过程中各主体的职责不明确、落实不到位、效果不明显等问题层出不穷。

1. 建立乡镇政府与村民委员会之间的协调机制

推进村民自治制度的有效建设，首先需要建立乡镇政府与村民委员会之间的协调机制。乡镇政府作为最接近农村居民的基层政府组织，与村民委员会之间的联系最频繁，乡镇政府与村民委员会之间并非上下层级的关系，而是指导与被指导的关系。在实际工作中，乡镇政府需要注意与村民委员会之间建立起比较顺畅的交流、合作机制以推进日常工作的开展，否则，乡镇政府或是难以实施乡村日常管理工作，或是因为干预太多导致村民自治制度建设遭遇阻力。所以，从村民自治制度建设内容来看，首要的即是理顺乡镇政府与村民委员会之间的内在关系，形成较为有效的协调治理机制。

推进乡镇政府与村民委员会协调机制的建设，需要从以下几个方面入手。第一，理顺乡镇政府与村民委员会之间的关系，为协调机制建设设定一个基本的结构框架。乡镇政府需要学会还权于民，为当地村民自治留足空间，落实村民在日常村庄公共事务实施中的"自治权"。村民委员会作为农村基层的自治组织，需要摆脱基层乡镇政府的权力束缚，实现乡村社会内部的村民自治，以广大村民的意愿为主，推进乡村治理工作的实施。第二，加强乡镇政府与村民委员会之间的日常交流，促进两者之间信息的有效流通，为村民自治制度建设奠定坚实的社会基础。实现乡村治理的村民自治目标，必须加强乡镇政府与村民委员会之间的信息交流，以便两者能够充分掌握对方的实际情况，为村民自治制度的建设营造一个良好的外部环境。只有双方的信息能够充分流通，明确各主体在村民自治实践过程中的职能，才能够准确站位，促使村民自治的乡村治理机制得以有效建设。第三，推进乡镇政府与村民委员会之间协调机制的建设，有效推进乡村社会中村民自治制度的建设，为村庄自治目标的实现创造良好的制度条件。在明确了乡镇政府与村民委员会之间内在关系的基础上，双方充分的信息交流和沟通，有助于推进两者协调机制的建设。乡镇政府在开展乡村治理日常管理工作过程中，需要充分尊重村民委员会的意愿、保持村民自治的独立性，以合理、有效的方式来推进乡村管理工作的落实。从村民委员会的角度来看，则需要从乡村治理的实际情况出发，以村民自治为出发点来落实乡村治理的日常工作，充分维护绝大多数村民的公共利益。乡镇政府与村民委员会之间协调机制的建设，有助于在乡镇政府的大力支持下推进以村民自治为核心的乡村治理体系的建设，实现自治、法治、德治相结合的乡村治理目标。

2. 建立村级党组织与村民委员会之间的协调机制

推进村民自治的乡村治理，村级党组织与村民委员会之间协调机制的建设也至关重要。在日常乡村治理工作中，村级党组织领导村民委员会开展各项治理工作，体现了党的领导核心地位，村民自治制度建设也要在党的领导下稳定有序地开展。村级党组织作为党在农村的基层组织，统筹领导村庄内的一切事务，也是各个村级组织的领导核心。在村级党组织领导村民委员会的前提下，建立两者之间有效的协调机制将有助于推进村民自治制度的建设，为乡村治理工作全面、顺利地推进奠定良好的组织基础。

建立村级党组织与村民委员会之间的协调机制，可以从当前村两委"一肩挑"模式入手。第一，通过公开、公正、公平的选举制度推选出合适的"一肩挑"人选，带领广大村民积极、主动地参与日常乡村治理工作。基于村两委"一肩挑"工作模式的开展，村级党组织与村民委员会之间容易形成比较顺畅的协调机制，在党的统一领导下，村民委员会能够结合乡村社会的实际情况，建立以村民自治为核心的乡村治理体系。第二，村级党组织和村民委员会之间建立常态化的沟通交流机制，助力村民积极参与各类村庄公共事务治理工作。从乡村社会的实际情况来看，村级党组织和村民委员会之间的沟通交流已较为频繁，只是在实际乡村治理工作实施过程中存在着责任不清楚、落实不到位、效果不明显的问题。村级党组织和村民委员会之间协调机制的建设，有助于进一步明确各自的工作职责，并通过相互之间的合作来推进村民自治为主的乡村治理工作的顺利开展和实施。第三，建立村级党组织与村民委员会的协调机制，需要进行合理有效的职能分工，推进乡村治理体系的不断完善。建设村民自治制度，其核心目的是推进乡村治理体系的有效建设，村级党组织和村民委员会作为乡村治理体系中的两个核心组织，必须明确自身的站位和职能。基于村级党组织和村民委员会之间协调机制的建设，有助于建立符合村民自治特点的乡村治理体系，不同的组织通过各自的职能发挥有效地推进当地村民自主、积极地参与各项村庄公共事务的治理，提高乡村治理过程中村民自治的水平。

3. 建立村民委员会与村庄内各类组织的协调机制

村民委员会作为村民自治的核心组织，在乡村治理体系建设中需要处理与其他村级经济、社会、文化等组织之间的关系，建立村庄内不同组织之间的协调机制，共同维护以村民自治为主导的乡村社会秩序。村民委员会是乡村治理中村民自治的核心组织，能够代表广大村民的利益去推进村庄公共事务的实施，而各类其他村级组织是从经济、社会、文化、生态等不同方面入手组建的，具有一定的专业性组织的特点。例如，村级集体经济组织主要是以壮大村庄集体经济收入为目标，通过盘活和利用各类乡村社会资源来助力村庄集体经济的发展。所以，建立村民委员会与村庄内各类其他组织之间的协调机制，有助于在乡村自治治理体系建设中形成"一核多元"的治理机制。

村民委员会与村庄其他组织的协调机制建设，需要从乡村社会的现实情况入手，实现村民自治治理体系的构建。第一，确立以村民委员会为核心、各类其他组织为构成部分的村民自治组织体系。村民委员会与村庄其他组织的协调机制建设，首先需要确立以村民委员会为核心、其他村庄组织为构成部分的"一核多元"治理格局。村民委员会是村民自治理念的直接体现，能够保障村民自治原则在乡村治理过程中的充分体现，以此来动员与组织其他村庄组织，推进村民自治制度的建设。第二，建立村民委员会领导村庄其他组织的机制，确保村民自治是各类村庄组织开展工作的重要原则。村民委员会与村庄其他组织之间的协调机制建设，需要发挥村民委员会在乡村治理中的领导作用，通过领导其他村庄组织来践行村民自治的治理原则，促进各类组织按照乡村社会的实际情况来推行村民自治。同时，各类村庄组织需要在自身的职责范围内充分调动组织的积极性，发挥组织的专业性职能，与村民委员会进行沟通协调，夯实乡村治理的薄弱方面，发挥村民自治在乡村治理中的重要作用。第三，充分发挥村庄其他组织在乡村治理中的重要作用，为村民自治制度的建设奠定经济、社会和文化基础。基于村民委员会与村庄其他组织之间的协调机制建设，需要发挥不同组织各自的功能，形成全面、有效的村民自治治理体系。村民委员会作为村民自治的核心组织，需要在乡村治理中发挥领导、组织、协调的功能，其他各类村庄组织则需要结合乡村社会的实际情况，从经济、社会、文化、生态等方面入手完善乡村治理的不同板块，以此助推村民委员会与村庄其他组织之间协调机制的形成，提高乡村治理体系和治理能力的现代化水平。

探索推行定向议事机制，不断提升村民自治能力。四川省德阳市罗江区探索定向议事代表会议制度，优化多元参与、协商治理的村级事务决策程序和规则，具体措施如下。一是建立代表推选机制。由村党支部和村委会牵头，各村分别召开村民小组会议和户代表会议，推选出村庄内部的村民议事代表。议事代表则推选其他村民作为联系服务对象，定向收集意见建议，了解村民需要帮助解决的问题。此外，议事代表负责将议事结果及时反馈给村民，确保村民知晓，并做好政策宣传、解释答疑工作，实现消息对称、思想统一。二是建立会议运行机制。确定议题规则，村党组织、村委会、议事代表或普通群众代表联名即可提议形成议题，交由村党组织审定后召开会议，确有需要的议题还需要提请镇党委审定。召开会议规则——议事代表会议一般由议事代表或村党组织指定人员主持召开，并在会议召开前3天通知相关议事代表和列席人员，参会人员围绕会议主题充分讨论、发表意见，形成一致建议或解决方案。确立议事决策规则——议事代表会议形成建议或解决方案，涉及全村的有关事项由村民代表会议进行议决，涉及一个或几个村民小组的有关事项由相应的村民小组会议进行议决。三是建立议事透明机制。定期将需议决的内容予以公示，对重要工作或涉及群众利益的重大事项，在规定时间内进行公示，确保群众知晓，维护群众权益。实施重大事项报告制度——对涉及村集体经济和村民切身利益的重要事项，对该事项的办理结果、款项使用方向、成果效果等情况在村民代表大会或村民会议上进行汇报，接受村民的公开质询，切实地把村庄各项事务办好、办妥。四是建立组织领导机制。村党组织负责所有民主议事活动的召集和组织，对群众和议事代表提出的议题进行针对性审查。村党组织负责监督民主议事活动全过程，确保议事结果符合党的路线、方针、政策和国家法律法规。此外，村党组织负责指导民主议事结果的落实，推动议事决策的执行，对定向议事代表会议、村民代表大会、村民委员会等产生的矛盾纠纷具有仲裁权。

二、健全民主管理机制

村级民主是一种治理方式，要不断增加农村基层民主决策的活力，尊重人民群众的主人翁地位和政治身份，积极鼓励村民参与村级民主管理。近些年以来，农村基层民主在持续、稳步地发展和进步，村级民主协商水平在不断提高，村民自治能力也在不断提升。从现有学术界的研究来分析，村级民主管理是村民自治深入推进的载体，有利于推进乡村治理体系的建设。村级民主管理的内涵是指，在村级事务的管理过程中，充分调动广大群众探讨协商的积极性，通过审议监督等民主程序，以保证决策的科学和合理。[1]村级民主产生于 20 世纪 70 年代末、80 年代初的农村经济体制改革时期，是围绕着村民自治建设的基层民主，村民自治在实践中发展成村级的民主选举、民主决策、民主管理和民主监督实践。[2]村级民主管理是农村基层民主建设的重要基础，提高村级决策的民主和公开是村民自治的重要抓手。

（一）加强村级党组织领导机制的建设

在村级民主管理过程中，首先需要加强村级党组织的领导机制建设，发挥村民党员的带头作用。一方面，发挥村民党员的带头示范效应。从乡村社会的总体情况来分析，村民党员的政治觉悟和奉献意识普遍高于群众，积极发挥其引领和带头作用，有助于带动广大群众逐步提高自身的政治素养，积极参与村级民主管理事务，也

---

[1]　张德友：《山东胶南完善村级民主管理的新探索及其启示》，《中共青岛市委党校（青岛行政学院学报）》2008 年第 12 期。

[2]　周罗庚、王仲田：《中国农村的基层民主发展与农民的民主权利保障——村民自治的历史、现实与未来》，《上海社会科学院学术季刊》1999 年第 1 期。

有助于在乡村社会内部形成良好的民主管理氛围。另一方面，发挥村级党组织的组织协调作用。村级党组织统领村庄各项事务管理，能够与村民委员会、村庄其他组织形成合力来推进村级民主管理机制的形成，动员与组织普通村民积极参与村庄日常事务管理，逐步提高村级决策的民主与公开。

围绕村级民主管理的内容，村级党组织领导机制的建设可以从以下几方面来推进。一是加强村级党组织在村级民主管理中的领导与组织能力。从基层乡村社会民主管理的实际情况来分析，村级党组织在带领全体村民开展民主管理方面仍有提升的空间。加强村级党组织自身的领导力和组织力建设，在全村范围内动员、组织村民积极参与村级民主管理过程，充分表达和参与各项村庄公共事务的决策和实施。二是加强村民党员综合素质的提升，有助于村级民主管理水平的提高。各类村民党员的学习和培训工作，有助于促进村民党员综合素质的全面提升，以此带动更多的村民积极参与村庄公共事务管理。通过参与实践村级民主管理，村民党员和普通村民的参与意识和民主管理水平也会逐渐提高，有助于村级民主管理机制的建设。

此外，还要发挥群众的主人翁精神，聚焦热点难点问题，调动村民议事的主观能动性和积极性，让村民成为村级事务协商的主角，营造"党员带动、人人有为、全村提升"的乡村治理浓厚氛围。安徽省宁国市从当地实际出发，让农民群众成为乡村治理的受益者和主力军，采取了以下措施。一是政府主导，建立村级议事机制。在村庄内部吸纳一批公益心强、德高望重的新乡贤和能人志士，成立乡村公共事务的协商议事会。议事会参与村务协商议事但不负责决策，旨在更好地引导村民议事，规范重大村务决策公决，即在村级协商委员会的基础上，搭建协商会平台，通过协商会召集乡贤志士，共同商议解决方法，对处理有困难的，及时提交村镇协商会商议，或向有关部门反映。二是夯实基础，助力乡村治理。村庄公共事务是村民自己的事，为克服村务治理过程中的各类困难、推进治理进度，村庄议事会成员需要深入强化村民的主人翁意识，将协商机制融入整治的每一个环节，积极引入社会资本和发挥新乡贤的力量助力村庄公共事务的治理。三是多管齐下，重视村民主体性作用发挥。在推进乡村治理过程中，宁国市始终注重正向引导、氛围营造，以各种方式组织群众自发学习、加强自我管理。以新时代文明实践中心为载体，倡导移风易俗，引导群众转变观念，自觉形成良好的生活习惯。开展"小手拉大手""十星级清洁户""文明家庭""美丽庭院"创评等形式多样的活动，在加强卫生整治的同时，激发农村妇女、儿童、老人、新乡贤和返乡创客等群体的"头雁效应"，探索村庄公共事务治理的新路子。

（二）提高村民参与村级决策实践水平

随着城市化、工业化进程的推进，越来越多的农村居民流入城市，乡村社会公共事务治理的参与率越来越低，甚至影响村庄的正常运转。对于这类情况，需要加强村民参与村级决策的自觉性，尤其是留守在农村地区的村民需要提高参与村级决策的表达、反馈与实践能力。从某种方面来说，村民参与村级决策的实践水平正是村级民主管理水平的重要体现，是乡村自治机制构建的社会基础。

具体来看，可以从加强村民政治意识教育和吸引村民参与民主管理两方面入手来提高村民的村级民主决策参与率。一是加强村民政治意识的教育，使其认识到参与村级民主管理对自身的重要价值与作用。当前农村居民整体的政治意识比较淡薄，需要通过一些合理的教育与引导方式来加强对村民政治意识与民主参与理念的培育。在这一过程中，需要先对村民开展相应的文化教育，提高其文化水平，这也有助于村民进一步深入理解民主参与的准确内涵和重要意义。文化水平和文化素质的提升是促进普通村民积极参与村级民主管理实践的前提条件，村民文化素质的提升，有助于在村级民主管理方面形成村民广泛参与的良好局面。二是吸引村民积极参与村级民主管理过程，逐步提高村民的政治参与能力。加强村级决策的民主和公开，需要积极引导广大村民参与村级民主管理的实践活动，基于村民自身的实践行为，增强村民的政治参与意识。通过村庄内部各类组织引导和实践机制影响的方式，吸引村民积极参与村级民主管理过程，逐步增强其政治参与意识。同时，在村民参与村级民主管理的实践过程中，还需要注重村民自身能力的培养，提高其参与乡村治理的能力。利用政策法规培训和教育，以及广泛宣传参与村级民主管理的要求、流程、内容与方式，进一步构建更高水平的村级民主管理体系。

结合实践过程来分析，可以从以下几方面来提高村民参与村级决策的实践水平。一是通过村内听证的方式促使村民积极参与村级决策过程。在村级决策过程中，可以让村民广泛自由地参与村内听证，对相关的问题进行相互提问、质疑辩论，村两委和村民之间的辩论，有助于提高村级决策的整体水平，也有利于村庄科学民主方案的形成。二是加强村内的走访调研，贴近普通村民的生活，了解村民对村级公共事务的掌握情况。通过村两委的走访调查，了解本村村民的具体情况，掌握村民对村级公共事务的态度和看法。对村内一些重大问题，需要村两委制定出相应的排忧解难方案，并通过民主决策程序协调村内的利益关系，切实提高村内决策的整体水平。三是建立决策信息的反馈机制，让村民积极参与村级公共事务治理过程。为了提高村级决策过程中村民的实践参与水平，需要建立良好的村级决策信息反馈与沟通机制，让村民能够更容易地参与村级决策过程，逐步提高其决策参与水平。

深化村级民主协商机制，是有效推进乡村治理体系建设的重要手段。天津市宝坻区深入创新乡村治理方式，实施"六步决策法"以深化村级民主协商机制。首先是抓程序规范。为保障村民代表民主决策的广泛性，必须广泛征求群众的意见并规范整个程序运作的过程，对每一件重大事项的决策过程都完整记载。其次是抓内容细化。制定规范细则，对村内新上的建设项目、村庄规范化、宅基地规划、土地发包等重大事项做出明确具体的规定，明确重大村务必须经过民主决策程序的同时，保证民主决策的原则性和严肃性。再次是抓预审把关。当地各街镇均建立由主要领导同志牵头的村级重大事务决策预审把关领导小组，深入开展决策事项的政策性、科学性和群众意愿等方面的调查，进行全面的预审和把关。

（三）培育村民参与公共事务的精神文化

村级民主管理机制的建设需要在村庄内部形成公共性，这种公共性是促使普通村民积极参与村庄公共事务的驱动力，也是建设现代乡村治理体系的核心力量。村庄公共性是建设现代乡村治理体系的重要基础，只有在村庄内部形成了公共性，村民才能够树立开展集体行动的意识，积极、主动地参与乡村治理过程，逐步提高全体村民参与村级民主管理的整体水平。

推进村民积极参与村级民主管理，需要从村民公共意识的塑造和村庄公共精神文化的培育两方面入手来建设村庄公共性。第一，从村民公共意识的塑造方面入手来建设村庄公共性，让更多的村民积极参与村级民主管理过程，提高乡村治理的整体水平。在乡村社会内部，利用各种社会关系来鼓励与引导村民参与乡村治理的实践，以此促使村民逐渐形成村庄公共性意识。以农村生活垃圾分类为例，村民通过长时间参与生活垃圾分类活动，会逐渐意识到生活垃圾分类对乡村环境治理和自身生活品质的重要意义，进而形成比较自觉的实践参与意识。村民参与乡村治理后，将促使越来越多的村民形成对村庄公共性的认同，自觉开展各类集体行动来推进乡村治理，从而提高村民参与村级民主管理的整体水平。第二，从村庄公共精神文化方面入手来推进村级民主管理水平的提高，逐步形成乡风文明的村庄文化氛围。村庄公共精神文化的培养，有助于村民政治素养的培养，增强村民主动参与村级民主管理的意识。村庄公共精神文化建设以社会主义核心价值观为引领，传承优秀的传统文化和地方文化，通过各类文化活动的举办，向广大村民传播政治参与的重要性，以文化宣传带动政治进步。通过村庄内部的规范体系来有效约束各类恶习、陋习，进一步改变乡村社会中的不良风气，宣传各类正面的道德典型人物和事迹，推动乡村治理体系的建设。

（四）发展农村经济以提高农民的经济收入

加强村级民主管理机制建设，还需要加快发展乡村经济来保障乡村民主管理的物质经济基础。从乡村社会的实际情况来分析，村民只有有了足够的物质经济保障，才有足够的精力来参与村级民主管理。缺乏物质经济支持的村级民主管理机制，只可能在短时间内发挥功能，难以持续推进村级民主管理机制发挥效应，也难以真正实现以村民自治为主的乡村治理体系的有序建设。

通过发展乡村经济来提高村民的经济收入水平，从而为村民参与村级民主管理机制打下相应的物质基础，具体可以从以下几方面来加强。一是大力改善乡村集体经济状况，为村庄公共事务的开展提供相应的物质基础，也为村级民主管理机制的建设创造良好的外部条件。通过盘活与利用村庄的各类资产、资源和资金，尝试引入一些专业团队和专业人才，提高村集体经济收入水平。稳定的村集体经济收入，为村级民主管理机制的建设提供了相应的经济基础，能够激励更多的村民积极主动地参与乡村治理。二是推进村民收入的持续增加，为村民参与村级民主管理工作提供稳定的经济基础。从村民个体的角度来分析，个体首先要确保自身的物质经济条件达到一定的水平才能主动参与各类公共事务。从外部政策制度的实施，到地方精英的带动，再到区域资源的利用，要通过多种途径来提高村民的经济收入水平，进而引导村民多参与村庄公共事务管理，提高村级民主管理的整体水平。

三、完善村民监督方式

改革开放以来，随着城市化、工业化进程的不断推进，乡村经济社会发生了翻天覆地的变化，越来越多的乡村治理问题突显出来。乡村小微权力腐败、村庄选举不公正、村庄土地征用不合法等一系列问题严重影响了乡村治理工作的正常开展。加强村民监督机制的建设成为推进以村民自治为主的乡村治理体系构建的重要内容，也有效地确保了乡村村级民主管理机制的建设。从当前乡村治理体系建设的情况来看，村民监督是推进村级民主管理和村民自治制度建设的重要保障，只有不断地完善村民自治监督机制的效用才能推进乡村治理体系的建设。

（一）增强村民参与民主监督的意识

1. 注重教育宣传，逐步增强村民的民主监督意识

乡村民主监督环节的缺失，与村民的民主意识缺乏有着直接联

系，也就是说，需要不断增强村民的民主意识，提高监督者的监督水平，才能有效推进乡村民主监督机制的建设。具体来说，一是通过对村民进行持续不断的教育，逐步增强村民的民主监督意识。民主监督是乡村居民的一项权力，是推进村民自治制度建设的重要组成部分。只有长期、频繁、深入地教育村民，才能从根本上逐步改变村民的传统思想观念，并基于深入的民主监督实践，逐步树立村民的民主监督意识。二是注重广泛而深入的宣传，让村民在潜移默化中形成民主监督的意识。在乡村社会内部加强民主监督的宣传工作，有助于营造良好的村级民主管理氛围，调动村民参与村庄民主监督工作的积极性。只有通过长期、稳定、细致的宣传工作，村民才能够逐渐意识到民主监督的重要性，并逐步建立起民主监督的想法。对于村庄民主监督意识的宣传，可以利用村民委员会选举、村民会议等重要活动时间节点来展开，让村民能够真正有效地树立自身的民主监督意识。

通过宣传教育逐步增强村民的民主监督意识，需要注重形式和方法。从宣传方式来看，需要以当地村民能够接受的方式来开展。例如，在不同年龄段的村民中可以采取不同的宣传策略。对年龄较大的村民，可以采用口口相传、上门宣传或村内广播等形式，较直观地传递村内民主监督的相关信息。对年龄较小的村民或年轻人，可以结合现代网络媒体，如利用抖音、B站等来加以宣传。从教育方式来看，需要结合村庄的地方文化、传统习俗以及生产生活习惯来开展，尤其是利用一些村庄内常见的生活案例，让村民感同身受地理解村务监督方面的各项事务，从而更好地参与村务监督的全过程。例如，可以利用培训、活动、会议等形式提升村民的民主监督意识和民主监督能力，以便其积极参与村庄公共事务的监督。

2. 建立民主监督通道，确保村民能够有效监督

加强村级民主监督工作，必须为村民参与监督提供相应的通道，以此来合理、有效地对村庄的各项事务进行民主监督。第一，从村庄民主监督的过程来分析，在村庄内部需要建设民主通道，为村民参与民主监督提供条件。村民委员会需要结合村庄自身的特点，利用村民代表会议、村民小组长会议、村两委会议等一系列途径和通道来公布有关村庄发展的各项工作，让全体村民能够及时了解实际情况，用村庄的各种会议来加强对乡村治理过程的民主监督。同时，基于村民的监督，在村庄内部设立线上的反馈软件、电子邮箱、公开电话和线下的反馈信箱、监委会、村两委的监督途径，在保障村民各项合法权益的基础上，就村庄中出现的各类问题及时向相关部门反映，确保村民民主监督渠道的畅通。第二，提高村民参与民主监督的质量，不断健全乡村治理体系，提高乡村治理能力。落实村民参与村级民主管理和民主监督，需要从根本上强化村庄民主监督机制的建设。一方面，需要在村庄内部加强民主监督知识宣传教育，逐步增强村民的监督意识和监督能力；另一方面，主管部门和村庄设立村民监督反馈的通道，能够对村民所反映的信息进行有效核查并及时反馈，提高村民参与民主监督的积极性。通过村民的监督，及时发现村庄发展过程中出现的各类问题，提高乡村治理体系和治理能力的现代化水平。

打通民主监督的通道是推进村级民主监督工作开展的重要路径，是提高村级监督水平的重要手段。在实践中，村民对于村级事务的监督需要通过合适的通道和路径来反馈，以此来进一步增强村民在村级事务监督过程中发挥的作用。民主监督通道的打通是实现村民参与村级公共事务的重要保障，也是体现村民作为村庄主人翁的重要内容，只有每一个村民都积极参与其中才能够更好地推进村

级公共事务的开展，真正发挥出监督效用，形成"村两委—村民"之间的相互制约关系，提高村级公共事务治理工作开展的透明度。

3. 加强人才队伍建设，提升村干部的思想觉悟

增强村庄的民主监督意识，除了加强普通村民的民主监督意识之外，还需要努力提升村干部的思想觉悟，强化村干部在日常工作中的自我监督能力。从根源上来分析，村庄民主监督工作的实质就是对村干部的日常行为展开全面、深入、细致的监督，而村干部自我监督更为重要。为此，一是要确保村干部人才队伍的高质量建设。在村干部人员选择上，需要注重对人员的思想素质进行考核，让具有较高思想觉悟的村民担任村干部，自觉规范自身的日常行为。挖掘村庄中有思想、有活力、有能力的年轻人来担任村干部，使其成为推动乡村发展的重要动力。例如，引入一些优秀的大学毕业生担任村干部，为村庄发展提供更多更好的机会。大学生的政治素质较高，且具备较高的文化知识水平，通过几年的乡村社会实践锻炼，能够充分利用自身的专业知识来推进乡村发展和乡村治理。二是为了建立健全村庄民主监督机制、提高村干部的思想素质，需要加强日常的教育和培训工作。在基层组织内部多开展一些针对村干部的教育和培训，逐步提高村干部的素质。同时，鼓励村干部努力加强自学和实践，结合农村工作的实际情况，逐步提升自身的思想觉悟，坚决抵制各类负面思想。

（二）强化村庄民主监督的组织体系建设

加强村庄民主监督工作的开展，还需要强化村庄民主监督的组织体系建设。从村庄民主监督机制建设的内容来分析，村庄民主监督的组织体系建设是核心，有助于整体推进村民自治制度的建设，为乡村治理体系和治理能力现代化做好准备。具体来看，可以从发

挥村庄村务监督委员会的监督功能、明确村庄组织和村干部的职责以及基层政府介入村庄监督过程等方面入手来推进村庄民主监督组织体系的建设。

1. 发挥村务监督委员会的监督功能

村务监督委员会作为开展村庄民主监督工作的专门组织，在推进村庄公共事务过程中发挥着重要的监督功能。村务监督委员会功能的有效发挥，有助于推进村庄各项公共事务按照规范化程序实施，具体表现在两个方面。一是确保村务监督委员会的独立性，使其有效、深入地开展村庄公共事务治理的监督工作。村务监督委员会并不是村民委员会的附庸组织，它具有很强的独立性，能够对各项村庄事务开展独立的检查与监督工作，并要求相关责任人对具体问题进行说明。可见，村务监督委员会在村庄民主监督工作实施过程中并不是流于形式，而是真正从推进村庄民主监督机制建设角度出发，把民主监督工作切实地落实到各类村庄公共事务中去。二是从村务监督委员会的功能发挥来看，需要对村民委员会的日常工作开展实时、有效的监督。村务监督委员会需要对村民委员会的日常工作进行持续监督，要求村民委员会定期汇报相关工作，并利用村民代表会议，及时、广泛地听取村民的各类意见。此外，还要监督村民委员会及时公开各类村务，为村民开展民主监督工作提供相应的途径与渠道。

早在 2004 年，浙江省武义县后陈村就出台了《后陈村村务管理制度》和《后陈村村务监督制度》，在提交村民代表会议表决通过后，选举产生了全国第一个村务监督委员会。《后陈村村务监督制度》是以解决该村财务监督问题为切入点创立的，形成了"一个机构、两项制度"的村务监督模式。第一，成立一个村务监督机构。

在村庄内成立村务监督委员会，设主任1人、委员2—4人，村务监督委员会对村民会议负责，受其委托独立对村委会工作实施监督。村务监督委员会与村委会同届，被赋予列席村务会议、财务票据稽核等职能，定期报告村务监督工作情况、听取村民意见。第二，出台两项制度，即《后陈村村务管理制度》和《后陈村村务监督制度》，经村民代表会议讨论通过后生效。《后陈村村务管理制度》主要是对集体资产、农民建房、村干部报酬、财务收支等村民关注的问题作出具体规定，有效规范村务的管理行为。《后陈村村务监督制度》则是对村务监督委员会和村民代表会议的性质、地位、职责、权利、义务等进行明确、详细的规定。通过上述两项制度的有效实施，有力地约束了村干部的权力，强有力地规范了村干部的行为。

2. 明确村庄组织、村干部的职责

村庄组织和村干部对自身职责不明确，有可能导致村庄民主监督机制出现一系列问题。只有进一步明确村庄组织和村干部的职责，才能有效推进村庄民主监督工作的开展。其一，需要明确村庄各类组织的工作职责，杜绝各类超出职责范围之外的行为，促进村庄有序的治理机制的建设。村庄组织在村庄发展过程中发挥着至关重要的引领作用，但是有的村庄组织涉及村庄发展的多个方面，如不加以有效规范和监督，容易滋生小微权力腐败等问题。随着村两委"一肩挑"现象的出现，村民委员会与村级党组织的职责有可能界限不清，甚至可能造成不同村庄组织在履行自身职能过程中出现偏差，阻碍乡村治理工作的正常推进。所以，在推进村庄民主监督组织体系建设过程中，需要进一步明确村庄各类组织的职责，加强对它们的监督与管理。其二，明确村两委干部、村民小组长、村民代表以及普通村民的职责，提高村庄民主监督的整体水平。从村庄民主监督组织体系建设情况来分析，村干部和村民主体需要结合自身的情况对村庄公共事务进行有效的监督，以此确保乡村治理工作平稳、有序地推进。从村干部角度来看，需要进一步明确自身的职责，加强学习与实践，在职责范围内加强日常工作的开展，促进农村发展和维护村庄秩序。从村民代表和村民的角度来看，需要充分履行监督职责，从全体村民的利益出发，加强对村庄组织和村干部各项工作的监督，及时向有关部门汇报各类违法违规行为。

3. 基层政府合理介入村庄监督过程

基层政府对村庄民主监督机制的建设具有一定的监管责任，为了有效地推进村民自治监督工作的开展，上级政府部门需要明确自身的定位，合理地介入村庄民主监督机制建设过程。一方面，基层政府需要加强对村庄民主监督机制的管理，及时发现村庄治理过程中存在的各类问题，通过有效的应对手段来予以治理。同时，畅通村民的反馈渠道，把村庄发展过程中出现的各类问题反馈给基层政府，避免各类村级腐败问题扩大化，减少全体村民利益的损失。另一方面，基层政府在开展村庄民主监督机制建设过程中，需要摆正自己的位置，避免过多地干预乡村治理工作的开展，保持村民自治的活力，以此推进村民委员会和普通村民积极主动地协助基层政府开展各项工作。

（三）完善村庄民主监督的制度体系

完善村庄民主监督的制度体系，有助于村庄民主监督机制的有效建设，推进村民自治监督工作的开展。村庄监督机制的设立离不开相应制度体系的支持，各类法规制度、地方性法规以及村规民约等可以进一步落实村庄的民主监督工作，推进村民自治在乡村治理中发挥效用。

1. 完善村庄民主监督的制度规范

从制度层面来分析，各类制度规范与村庄民主监督的制度体系有着直接关联。从已有的制度规范来看，可以从上至下分为三个层级，分别是基本法、地方性法规、村规民约。具体来说，一是需要在国家层面出台有关村民自治的基本法，对开展村庄民主监督进行相应的制度规定，即从全局上对农村民主监督工作作出较为明确的规定与说明。同时，村民自治基本法的出台，还可以对各类下位法的出台提供法理上的支持，即从民主监督法律体系建设的完整性方面予以强化。二是需要结合不同地域发展的实际情况，从当地村庄民主监督的特点出发来推进地方性法规的建设。不同地域的农村在自然地理、经济、社会、文化等方面都存在着一定的差别，需要结合村庄的实际情况来制定行之有效的地方性法规。这在一定程度上是对基本法的细化与说明，有助于在地方实践过程中推进村庄民主监督工作的有效实施。三是在村庄内部通过各种规范制度即村规民约来推进村庄民主监督工作的细化与深化，鼓励村民积极参与民主监督。不同于国家基本法和地方性法规，村规民约更多是内生于乡村社会的，符合当地村民的生产生活特点，且具有相对的稳定性、持续性与有效性。对普通村民而言，村规民约适用于自身的日常生活，也能够有效落地村庄民主监督工作，调动普通村民积极主动地参与监督过程。

2. 明确村庄事务公开的具体内容

村务公开制度是一种典型的村庄民主监督机制，有助于普通村民及时、有效地了解村庄发展过程中的各项事务和具体内容。具体而言，一是要建立完善的村务公开制度，明确村务公开的主体、时间、内容与形式。村务公开需要从制度上予以确立，即作为一项成文的规定在村庄层面进行落实，要求实施主体按照相应的制度要求进行村务公开。规范村务公开制度需要对公开主体——村民委员会的职责进行详细规定和说明，对村务公开的时间、地点、内容与方式予以规定，以此加强村民对村庄事务的监督，发挥村民作为村庄主人翁的作用。二是要规范村务公开的实施程序，设立审议、公开、回复流程，进一步规范村务公开的全过程。从程序规范上来看，村务监督委员会首先对村务公开的内容进行集体审议，审议通过之后在村庄层面予以公开，及时、细致地回复村民存在疑义的内容，通过设立意见反馈箱、线上回复平台等具体落实回复工作。三是要在村庄范围内传播村务公开的相关信息，即让全体村民了解村务公开的主要内容和具体形式，让村民明确村务公开是开展村庄民主监督的重要方式，激发村民的主体性意识，进而积极主动地参与乡村治理工作。

3. 创新村庄民主监督的实施方式

在新时代，村庄民主监督的实施方式可以进一步灵活化与多样化，以此来更好地满足当前村民的各类需求。首先，需要转变村民关于村庄民主监督实施方式的思想观念。村庄民主监督并不是单一地对村干部进行财务方面的监督，而是在村庄各项事务实施中推进民主监督。这需要广大村民从思想上意识到民主监督是一项系统性、全面性的社会工程，其实施方式也是多样化、灵活化的，可以综合利用多种手段和途径来开展民主监督工作。其次，需要因地制宜地结合村庄的实际情况来设定村庄民主监督的实施方式。对于不同地域、不同类型的村庄而言，民主监督过程中需要选择符合当地实际情况的监督方式。例如，有的村庄空心化状况比较突出，可以结合网络平台来推进村庄民主监督工作；有的村庄人口集聚度较高，比较适宜开展线下面对面的监督工作。再次，数字化、网络化、智能化手段可以作为重要的监督手段引入村庄民主监督工作。随着全社会数字技术的快速发展，越来越多的数字技术进入乡村地区，利用数字化手段能够进一步提高监督效率，吸引更多的村民参与村庄的民主监督。

第五章
加强法治建设，构建治理基础

　　党的二十大报告指出，要加快建设法治社会。法治社会是构筑法治国家的基础。为此，我们要建设覆盖城乡的现代公共法律服务体系，深入开展法治宣传教育，增强全民法治观念；推进多层次、多领域依法治理，提升社会治理的法治化水平；发挥领导干部的示范带头作用，努力使尊法学法守法用法在全社会蔚然成风。党的十八届三中全会通过《中共中央关于全面深化改革若干重大问题的决定》指出，我国全面深化改革的总体目标是完善和发展中国特色社会主义制度，推进中国国家治理体系和治理能力现代化。在新时代、新阶段背景下，随着国家治理体系和治理能力现代化的推进，乡村法治建设工作迫在眉睫，显得更加关键与重要。乡村法治建设深刻影响着国家治理体系和治理能力现代化的进程，但是，长期以来，农村地区法治建设相对薄弱，也相对滞后，在很大程度上阻碍了全面依法治国战略的有效推进。

　　从实际情况来看，我国依然是一个农业大国，农民占全国总人口的比重很大，农村问题始终是关系全党、全国事业发展的关键性问题。从依法治国和国家治理现代化目标来分析，乡村法治建设也是一个重要方面，脱离了乡村法治建设，现代法治国家建设目标是不可能完成的。这是因为：第一，乡村法治建设是全面建设小康社会的内在要求。乡村法治建设工作的推进是全面建设小康社会的重要内容，通过法治理念和法律手段来有效促进农业、农村、农民问题的解决，为全面建成小康社会打下坚实的制度基础。第二，乡村法治建设是全面深化农村改革的重要手段。在推进农村改革事业过程中，利用法治手段来推进农业、农村、农民各类问题的解决，依法开展对农村各项事务的治理，提高农村社会法治化水平，这是确保全面深化农村改革的重要路径。第三，乡村法治建设是从严治党的本质内涵。长期以来，农村社会是一个熟人社会，人与人之间主要是依托各类社会关系来开展工作。特别是农村基层党组织在领导与开展农村工作时，熟人关系容易造成不公正、不公平的社会现象，进而造成党和政府的形象与公信力受到影响。乡村法治建设工作的开展与推进，能够在农村社会内部形成依法办事的良好氛围，减少因矛盾和纠纷引发的各类社会问题。第四，乡村法治建设是全面推进依法治国的重要内容。随着依法治国战略的提出，全国范围内各领域、各部门、各层级都在积极开展法治建设，为全面依法治国目标的实现做出努力。农村地区一直以来是法治建设相对薄弱的地区，乡村法治建设如不能有效地推进，必将影响全面依法治国目标的实现。可见，只有全面、深入地推进乡村法治建设工作，才能从总体上实现全面依法治国的目标，提升全国整体的法治水平。所以，在当前以及今后的很长一段时间内，推进乡村法治建设工作的开展将是全国法治建设工作中的首要任务。

在推进国家治理体系和治理能力现代化背景下，围绕着自治、法治、德治"三治融合"乡村治理体系建设的目标，乡村法治建设可以从增强法治意识、便捷司法服务以及打击黑恶势力犯罪三大方面来予以推进。

一、增强法治意识

推进乡村法治建设工作的开展，首先要想方设法地增强村民的法治意识，不仅增强广大普通村民的法治意识，还要增强基层政府工作人员、村干部等人员的法治意识。

（一）加强农村法治宣传教育工作的推广

法治宣传教育工作是促进居民法治意识增强的重要手段，也是推进法治国家建设的一项基础性工作。在乡村法治建设工作推进过程中，首要的任务就是增强全体村民的法治意识，法治宣传教育则是实现这一目的的重要途径。要让广大的村民认识到法治建设的重要价值和意义，并通过法治宣传教育来提升农村地区的法治建设水平，使村民能够自觉地遵守法律法规，促进全体村民尊法学法守法用法，助力"三治融合"的乡村治理体系建设。

对于法治宣传教育工作的推广，具体需要从以下几方面着手来开展。

1. 强化资源的整合与利用

一方面，注重"物"的整合与利用。整合与利用各类科技、文化、宣传等平台和资源，把法治建设内容融入村民日常生活的方方面面，以村民乐意接受的方式来开展法治宣传教育工作。围绕土地纠纷、邻里矛盾以及家庭问题等农村常见的各类社会问题开展法治宣传教育活动，积极动员和组织村民参与宣传教育活动，让更多的村民能够从中掌握相应的法律知识并理解法治建设对自身的重要意义。另一方面，注重"人"的整合与利用。法治宣传教育工作的推进，最为关键的是通过对各类法律资源的整合和利用，对专业化的法律知识在农村地区进行宣传教育推广，让更多的村民能够切实地受之影响，并积极主动地将法律专业知识转化为维护自身权利的重要工具，具体有如下步骤。

注重"人"的整合，首先，需要注重整合各类公检法系统的专业法律人员，形成一支乡村法治宣传教育队伍，定期开展"送法下乡"，让更多的村民能够学习与农村生产生活贴近的法律知识，提高自身学法守法用法的能力。其次，通过组建专业的公益律师服务团队来进一步推进乡村法治宣传教育工作的开展，以专业律师为主要力量的法治宣传教育队伍，深入农村社会的各领域、各层级，帮助村民解决一些亟需应对的难题，进而提高村民整体的法治意识水平。再次，从农村地方精英和行业能人中挑选出一批具有较高法律素养、善于与村民打交道的人员，主要包括一些党员、教师、专家等。这些专业人士熟悉农村社会的实际情况，也善于与农民打交道，可采用符合农民生产生活特点的宣传教育方式来推进乡村法治建设工作。

2. 注重关键环节的把握

推进乡村法治建设工作，加强乡村法治宣传教育，需要在实际工作中准确把握一些关键环节。首先，要对基层政府工作人员加强法治宣传教育。基层政府工作人员是开展各项农村工作的主力军，如果这类人员不掌握相应的法律知识就容易造成农村工作的开展出现较大的问题。通过一些专业的农村法律知识培训与教育，促使基层政府工作人员能够尽快全面地掌握相应的法律知识，能有序地推进相关农村工作的实施。其次，要对农村干部加强法治宣传教育的推广。村干部是农村社会中的地方精英，也是开展大多数农村工作的主要实施者，直接影响着乡村法治建设的成败。对村干部进行法律知识的宣传与教育，定期开展一些讲座和培训来提高他们的法律知识水平，有助于其在日常农村工作中依法治村、依法办事。再次，要对农村中小学生进行法治宣传教育。农村地区人员相对比较分散，且村民总体的文化水平不高，只对全体成年居民进行大规模的宣传教育效果并不明显。所以，通过对中小学生这一相对集中的群体进行法治宣传教育，让其从小就接受良好的法治教育，有助于在家庭内部形成"小手拉大手"的良好氛围，即通过中小学生来影响其他家庭成员，使之形成相应的法治理念、提高其法律知识水平，营造全体村民尊法守法用法的良好氛围。

3. 加强设施设备的完善

乡村法治宣传教育工作的开展，需要建立健全相应的宣传教育的设施设备，从具体场所、硬件设施、软件工具等方面入手来推进乡村法治宣传教育工作的开展，让更多的村民了解法律知识并利用法治工具来维护自身的合法权益，具体有如下几方面。其一，乡村法治宣传教育的阵地建设。推进乡村法治宣传教育工作的开展，需要结合农村社会的实际情况，按照"一村一品"的特色打造方式，在村庄内部打造法治宣传教育中心、法治空间、法治广场等宣传教育阵地，以此来有效地推进乡村法治宣传教育常抓不懈，深入民心。通过各类法治宣传教育阵地，润物细无声地推进法治理念与法律知识的宣传与教育，让当地村民能够逐渐增强自身的法律意识，并认识到法治建设对乡村发展带来的积极意义。其二，利用乡村公共空间推进法治宣传教育。当前，不少农村地区建立了文化礼堂、农家书屋、农村体育活动场所等公共空间，通过此类公共空间的使用，推进乡村法治宣传教育活动的开展。例如，在一些节假日，从外部引入一系列"送法下乡"文化宣传活动，在法治宣传教育过程中与村民进行互动，让广大村民更深地认识到法治建设的重要性，并积极主动地开展法律知识的学习与实践，以便自己能正确应对日常农村生活中的各类矛盾和问题。其三，引入数字技术手段促进法治宣传教育。随着经济社会的快速发展以及科学技术的日新月异，数字乡村建设已经成为当前社会发展的大趋势，乡村法治宣传教育借助数字技术来推广也是一种重要方式。通过人工智能、数字化、网络化技术的有效运用，在乡村法治宣传教育过程中帮助村民及时、有效、深入地获取相应的法律知识，并通过法律咨询、法律互助等方式及时解决实际问题。在此基础上，在农村地区推广各类法律类网络平台、APP 等，加强乡村法治宣传教育工作的实施，推送一些典型案例和重要法律知识，帮助村民在日常生产生活中结合现实情况来分析问题和解决问题。

（二）激发农民参与法治建设自主性

农村法治建设是中国特色社会主义法治化建设的重要组成部分，直接影响着乡村社会治理的成效，关系着乡村振兴战略实施和乡村共同富裕目标的实现。乡村法治建设离不开广大农民群众的积极参与，缺乏农民自主、积极、有效地参与，乡村社会法治化水平就难以提高，乡村治理体系的建设就难以完成。农民形成有效的法治行为，首先要激发其参与法治建设的自主性和积极性，以法治意识引领法治行为，推进乡村法治社会的建设。

1. 保障村民参与村庄公共事务的各项权力，以此来激发村民推进农村法治工作的开展

从激发村民自主的法治意识来看，首先需要保障村民在参与村庄公共事务过程中的各项权利，让村民能够真正参与村庄的发展过程，并把自己的想法与建议融入村庄的发展过程。例如，在推进农

村生活垃圾分类时，村庄必须确保村民能够参与生活垃圾分类规则制定、组织建设、人员安排等方面的讨论与协商，真正让村民把生产生活中的各类经验有效地融入农村生活垃圾分类推广工作。与此同时，村民参与村庄公共事务的各项权利得到了较好的保障，也有助于促使村民的法治理念得以塑造。通过广泛、有效地参与村庄公共事务的实施与治理，必然会激发村民广泛参与村庄公共事务的积极性和村民法治建设的自主性，进而实现村民自治背景下乡村法治建设工作的顺利推进。

2. 加强村民的监督机制建设，拓宽村庄民主监督的途径

在乡村法治建设过程中，除了保障村民参与村庄公共事务的知情权、表达权、参与权之外，还需要赋予村民对村庄事务的监督权。当前，乡村公共事务的实施，主要的管理和监督来自基层政府、村民委员会、村务监督委员会、外部媒体、社会公众等主体。加强村民对村庄公共事务的监督，有助于强化乡村治理工作的实施，也有利于乡村法治工作的推进。另外，加强村民对村庄公共事务的监督，能够让其法治意识进一步增强，自觉、主动地参与并监督各项村庄事务，在必要的时候能够及时向有关部门反映村庄发展过程中的各类问题。因此，需要不断拓宽乡村民主监督的途径，鼓励村民更多地参与村庄公共事务的实施过程，进一步增强村民的法治意识水平。

（三）推进乡村法治建设氛围的营造

乡村法治建设氛围的营造也是推进乡村法治建设工作的重要组成部分，需要从全局出发来改善乡村法治建设氛围，促使符合新时代乡风文明的法治氛围得以树立，让村民能够更加自觉、主动地

参与乡村法治建设。改革开放以来，乡村经济有了飞速发展，村民的经济收入也有了明显的提升，但乡村的精神文化整体发展较慢，尚未能与经济社会的发展保持一致，致使各种传统陋习严重阻碍了乡村文明的进一步提升。为了推进乡村法治建设工作的顺利实施，需要在农村社会内部营造浓厚的法治建设氛围，移风易俗，改变各类大操大办、铺张浪费、重男轻女等现象，具体有如下几个方面。

一是在社会主义核心价值观的引导下，加强乡村各类法治宣传教育，进一步提高村干部和村民的法治观念和依法办事的能力。长期以来，很多农村地区受各种传统陋习的影响，出现了相互攀比、铺张浪费、低俗娱乐等现象，严重影响了现代法治乡村建设的进程。因此，要以农民感兴趣或愿意接受的方式来加强法律宣传教育，逐渐改善农村法治环境，建立良好的法治氛围。二是在法治理念的引导下，强化开展农村地区的法律培训工作，促进村干部和村民法治意识的树立。结合农村社会的实际情况，针对农村建房、征地拆迁、社会保障、计划生育、邻里相处等方面的问题，在村庄内开展"菜单式"法律培训服务。在当地村庄的文化礼堂举办各类法律培训和咨询服务，营造良好的乡村法治培训氛围，让更多的村干部和村民能够知法、懂法、守法与用法，提高乡村法治的整体水平。三是结合村庄法治工作的实际情况，树立正反面法治工作典型，进一步引导村干部和村民增强法治观念、塑造法治行为。一方面，在村庄内部树立各类尊法守法的先进典型，在区域范围内加强宣传报道，提高农民对法治先行的认可度，引导其积极向身边的法治先进典型学习；另一方面，在村庄内对一些违法犯罪事件进行警示教育，让农民进一步了解各类违法犯罪活动的前因后果，使其加强自身的法治意识、塑造良好的法治行为。通过一系列措施和活动的开展，在村庄内部形成良好的法治宣传教育氛围，为乡村法治水平的提高奠定良好的社会基础。

二、便捷司法服务

推进农村法治建设，除了需要增强村民的法治意识之外，还需要为其提供便捷的司法服务，切实地促进村民通过法律服务来保障自身的权利和推进正常的生产生活。乡村便捷的司法服务并不是短时间内就能够形成的，而是需要全面、系统地开展乡村司法体系建设，从法律服务机构体系建设、法治服务队伍专业水平提升、法律服务产品质量提高、法治政府服务体系建设等方面加以完善。随着乡村法律服务的不断完善，村民可以享受便捷的司法服务，也更善于通过法治手段来开展乡村治理工作，让更多的村庄公共事务按照法治化程序来推进，这有助于进一步形成良好的乡村法治氛围。

（一）建设全面、多层次的法律服务机构体系

改革开放之后，随着经济社会的快速发展，农村社会结构、社会关系变得更加多元化，各类社会现象和社会问题变得更加复杂，难以用单一的应对方法来解决各类社会问题。采用法治手段越来越成为当前应对农村社会问题的重要手段，以此来弥补村庄内部民间方法解决各类社会问题的不足。为应对更加复杂、多样的农村社会问题，建设全面、多层次的农村法律服务机构体系势在必行，专业的法律服务有助于进一步应对农村社会中的各类矛盾和纠纷，提高乡村治理体系的现代化建设。

结合当前农村社会的实际情况，推进全面、多层次的法律服务机构体系的建设需要从以下几个方面入手。第一，政府应通过政策、制度来推进农村法律服务体系建设。随着城市化、工业化的推进，越来越多的农村出现了老龄化、空心化的状况，农村法律服务体系

建设面临着缺乏人才的现实问题，尤其是在乡村法治服务体系建设的初期，更需要地方政府发挥主导作用。政府通过行政、财政、制度支持等方式在农村地区设立各类法律服务机构与平台，以便农民能够便捷地获取所需的司法服务。第二，针对农村地区法律服务需求的实际情况提供相应的法律服务，使村民能有效地利用法律知识来解决日常生产生活中的各类实际问题。对于一些经济发展水平较高、法律服务需求较多的乡镇或农村地区，可以由人民调解委员会、法律服务机构和专业法律人员提供服务，以应对乡村治理过程中的各类问题；对一些法律服务需求相对较弱的乡镇或农村，则可以采用一些灵活的法律服务形式。第三，因地制宜地推进农村法律服务体系的建设，从农村社会的自然、环境、经济、文化、社会等方面入手来建设现代法律服务体系。农村法律服务的供给，除了需要考虑当地农民的现实需求之外，还需要有效地结合农村社会的现实情况，即与当地的社会结构、社会文化、地方文化、风俗习惯等方面结合，让更多的法律服务以农民愿意接受的方式来推广实施，这也是有效建设乡村法律服务体系必须遵守的一条原则。

（二）提升乡村法治服务队伍的专业化水平

随着农村社会变得更加复杂、多样，很多社会问题难以用民间方法来应对，需要各类专业化的法治服务队伍助力。提高乡村法治服务队伍的专业化水平已经成为当前农村发展过程中的重要任务，只有不断提升乡村法治服务队伍的专业化水平，才能有效应对农村社会的各类现实问题。当前乡村有着多样化的法治服务人才队伍，例如人民调解员、法律志愿者、专业律师、法律专家等。有的法律服务人员的专业素质较高，能够高质量地提供农民所需的各项法律服务，满足农民的现实需求，但有的法律工作人员由于自身专业素养较低，尤其是一些缺乏系统化、专业化法律知识的人员，就难以很好地满足农民的法律服务需求。

提升乡村法治服务队伍的专业化水平，需要利用多种途径来实现。一是提升农村地区已有法律服务队伍的专业化水平，主要体现为专业知识的学习和实践能力的提升。从当前大多数农村地区的法治服务队伍的现实情况来看，以当地的人民调解员、法律志愿者等为主，总体上法律专业化水平并不高，且很多时候相应的调解、处理方式更多的是基于实践形成的，与专业、规范的法律服务相比还存在着一定的差距。对于这类人员，基层政府应该出台相应的法律知识教育培训计划，让广大的基层法律工作人员获得更多专业知识培训，提升其应对各类农村社会问题的能力。二是在农村地区引入更多专业的法律服务人员，充分提高农村整体的法律服务质量，让农民享受到高质量的法律服务。随着农村社会问题的多样化与复杂化，需要更多、更专业的法律人士进入农村社会来服务农民，尤其需要政府通过各类合作机制，把专业律师、高校法律专家和专业人才引入农村地区，长期或定期开展农村法律服务。此外，一些涉及农村普遍性问题的案件审判，可以通过乡镇法庭或巡回法庭的形式，让更多的农民在案件的审判过程中接触法律知识，避免因法律知识的缺乏而造成各类悲剧。三是从政策制度层面出发，出台一系列农村法律人才招引政策，吸引优秀的法律专业大学生和人才去农村工作。通过实施农村专业法律人才专项政策，吸引更多的优秀法律人才到农村开展工作，不断充实农村法律服务人才队伍，提升整体的农村法律服务水平，为健全新时代乡村治理体系服务。

从实践情况来看，广东省惠州市探索"一村一个法律顾问"的乡村法治新路径，不断提高法治乡村建设的整体水平，具体有如下措施。一是整合各类资源，实现村庄与律师的无缝对接。司法部门整合、统筹本地区的法律服务人才资源，建立律师事务所对口援助法律服务资源贫乏县区制度。结合村庄实际情况和律师事务所、律师的基本信息，进行村委会和律师事务所、律师之间的双向选择。在乡村法治建设过程中组织律师积极参加乡村法治活动，帮助村民解决各类实际问题。二是明确法律人的职责，送法下乡。开展法治讲座和法治宣传，结合实际案例进行现场讲解；为乡村基层组织审查合同文件、村规民约，为基层群众起草法律文书；协助乡村基层组织处理经济纠纷、调解各类矛盾、提供法律援助，引导群众通过合法途径表达诉求；广泛接触村民，掌握村民群体中的各类信息，并向有关部门反映出现的不稳定苗头。三是强化各类指导，多措并举提升基层法治水平。成立工作协调小组，强化对村庄法律顾问日常工作的指导。在村庄内建立法律顾问工作联席会议制度，多部门共同研究解决工作中遇到的问题。加大经费保障力度，确保服务工作正常运行。四是打造法治平台，提高经费使用效益。在村庄内打造"法德共治"平台，发挥法律顾问的作用，针对基层法治薄弱环节和群众的法律需求，定期到村庄开展法治宣传，通过各类平台对村民普法、传法，弘扬道德文化、培养道德观念。利用网络技术建立科技化的法律服务平台，组织村法律顾问律师进驻并提供服务，让群众足不出户就能获得公共法律服务。

（三）提高农村公共法律服务产品的整体质量

随着乡村振兴战略的实施，村民对公共法律服务需求上升的同时，对法律服务产品质量也有了更高的要求。为了更好地为村民服务，政府在掌握村民对法律服务产品质量要求的基础上，深入了解，准确地把握村民对法律服务产品的具体要求，以此制定具体的公共服务产品清单。通过政府购买和社会贡献相结合的方式来满足村民多样化的法律服务需求，促使当地村民的生活幸福感得以不断提升。

为了有效地提高农村公共法律服务产品的整体质量，以政府为主导的农村公共法律服务产品提供者可以从以下几方面来开展工作。一是不断扩大农村公共法律服务产品的供给，满足村民多样化的法律服务需求。随着农村社会的快速发展，村民对法律服务的需求量在不断增大，政府作为公共产品的主要提供者，需要按照当地村民的实际需求来提供法律服务种类并统筹配置相关服务资源。这些法律服务产品根据不同的来源可以分为普遍化的法律服务产品和个性化的法律服务产品。对于普遍化的法律服务产品，政府可以基于农村社会现有的法律服务基础，整合一些必要的法律服务资源来为村民提供高质量的法律服务。对于个性化的法律服务产品，则需要政府在农村地区开辟一些法律服务途径，为村民提供精准的法律服务，切实有效地解决村民在日常生产生活中遭遇的各类问题。二是设立农村公共法律服务体系的标准，加强对农村公共法律服务产品的管理，确保村民能够享受高质量的公共法律服务。一方面，随着农村公共法律服务产品逐渐增多，如何对农村公共法律服务进行有效管理成为当前基层政府迫切需要解决的现实问题，以标准化管理方式推进乡村公共法律服务产品的供给越来越重要。另一方面，村民结合政府制定的公共法律服务标准来获取所需的法律产品，根据具体的法律服务产品标准来付费，更容易选择所需要的法律服务。三是引入数字化、网络化、智能化技术提升农村公共法律服务产品的质量，更有效地为村民提供高质量的法律服务产品，扩大乡村公共法律服务的影响面。随着数字乡村建设的推进，各类数字化、网络化、智能化技术在乡村应用得越来越广泛，为乡村公共法律服务的数字化应用提供了技术基础。通过各类先进技术的运用，全国各地丰富的法律资源都可以集中到数字平台，让村民有更多的选择以获得满意的法律服务。

（四）健全"自上而下"的法治政府服务体系

乡村法治建设涉及诸多政府部门和人员，提高农村整体的法治建设水平，这就需要从政府层面首先对乡村法治建设工作予以重视，从思想、制度、行动等多个层面推进乡村法律服务工作的开展。建立"自上而下"的法治政府服务体系，把经济发展、社会管理、文化传承等各项工作纳入法治化管理轨道，不断提高政府法律服务工作的整体水平，为全面建设现代乡村治理体系打下前期基础。

从法治政府服务体系的建设来看，需要结合各级政府的日常工作职责，分级制定政府工作要求，促使政府服务朝着法治化、标准化方向迈进。

第一，从政府决策层面来看，需要结合农村社会的现实情况来推进法治建设。政府的决策与农村社会的发展有着紧密的联系，一项正确的决策能够帮助村民抓住发展的机会，提高农村经济社会整体的发展水平，反之，则有可能使农村发展陷入困境，甚至对村民的生产生活产生较大的负面影响。所以，推进法治政府服务体系的建设，有助于进一步规范政府的日常决策行为，使其按照标准化、规范化的决策过程推进农村各项事务的开展与实施。具体而言，随着法治政府服务体系建设的深入，各级政府在决策过程中需要通过听证会、座谈会、旁听会等形式吸引当地村民的参与，并充分表达自身的观点和想法，让农村公共事务的实施能够有效听取村民的意见，减少各类农村项目实施给村民带来的负面影响。

第二，建立"自上而下"的法治政府服务体系，形成系统的、分层级的服务体系，提高各级政府为农村提供法治服务的可靠性。

从法治政府服务体系建设的情况来分析，需要从政府内部建立相应的服务体系，促进不同层级政府之间相互影响，提高自身的工作能力。上级政府在推进法治政府服务体系建设过程中，直接对下级政府设定相应的考核要求，能有效地促进基层政府法治意识增强与法治服务水平提高。反过来，基层政府法治服务体系的不断完善，又要求上级政府必须按照规范化、法治化、制度化的路径来开展和推进各项农村公共事务，上级政府也必然会自觉地提高其法治服务水平。

第三，在法治政府服务体系建设过程中，还需要进一步推进政务公开，让村民了解乡村法治建设的现实情况。各级政府必须从农村社会的现实情况出发来推行政务公开，对一些涉及群众切身利益的事项，例如突发性事件、基本公共服务、重大社会问题等，需要及时、准确地公开相关信息，让更多的村民了解真实的情况，避免政府与群众之间出现不信任甚至对立的现象。此外，还需要进一步简化政府办事程序，提倡"最多跑一次"，切实方便群众办理各类日常事务，按照标准化、法治化、制度化的程序来服务群众，让群众对政府工作的满意度不断上升。

三、打击黑恶势力犯罪

党的二十大报告指出，完善社会治理体系，强化社会治安整体防控，推进扫黑除恶常态化，依法严惩群众反映强烈的各类违法犯罪活动。2018 年，中共中央、国务院联合印发了《关于开展扫黑除恶专项斗争的通知》，在全国范围内拉开了以农村地区为重点的"扫黑除恶专项斗争"序幕。长期以来，农村黑恶势力犯罪是社会毒瘤，不仅危害全社会的安全稳定，影响经济可持续发展，而且对基层党组织和村民委员会等组织构成严重侵害。所以，加强对农村黑恶势力犯罪的打击是当前乡村法治建设的重要组成部分，也是推进乡村治理体系现代化的重要内容，为乡村振兴战略和乡村共同富裕目标的实现奠定了坚实的法治基础。

对农村黑恶势力犯罪的打击需要建立整体性治理机制，通过整合各个部门的力量共同形成打击黑恶势力犯罪的整体合力，使打击治理工作"从分散走向集中，从部分走向整体，从破碎走向整合"①。基于各部门之间的有效合作，建立健全相应的协调和互动机制，能够及时、有效打击农村黑恶势力，确保农村社会的长治久安。在推进农村黑恶势力犯罪打击过程中，需要广泛宣传和发动群众，村民是农村社会的主体，也是打击黑恶势力的社会基础。通过一些典型案件的宣传与展示，对村民加以宣传与教育，提升村民应对黑恶势力犯罪的防御能力。同时，随着现代数字技术的广泛应用，可以引入数字化、网络化、人工智能等技术来提高农村黑恶势力打击效率，进一步扩大农村黑恶势力打击的整体范围，提高农村法治的整体水平，实现数字化法治的目标。

（一）强化对黑恶势力犯罪的源头管控

在推进农村黑恶势力犯罪打击的过程中，首先需要加强对黑恶势力犯罪源头的管控，只有从黑恶势力的最初阶段就予以介入，才能够有效地预防农村黑恶势力犯罪抬头。对与黑恶势力犯罪相联系的行业领域、重点人员、重点地区加强监管，对可能出现的黑恶势力犯罪的苗头加以控制，可以有效阻止农村涉黑涉恶违法犯罪事件的发生，真正做到从源头对黑恶势力犯罪进行管控。采取多种手段、多种方式来打击农村黑恶势力，在犯罪发生的初期就予以介入，能

---

① 竺乾威：《从新公共管理到整体性治理》，《中国行政管理》2008 年第 10 期。

够有效地减少黑恶势力犯罪对农村社会产生的负面影响。此外，随着农村黑恶势力犯罪的减少，乡村法治体系逐渐建立起来，可以更好地保障农民正常的生产生活。

　　管控当前农村黑恶势力犯罪的源头，可以从重点领域、重点人员与重点地区这三方面来入手。第一，公安、检察、法院等部门需要强化对重点领域、重点部位、重点环节的管控。有关部门需要定期对相关行业进行排查和梳理，对存在的问题及时整改，铲除各种可能滋生黑恶势力的土壤和环境。对于国土、交通、住房等黑恶势力容易涉足的领域，需要建立常态化、重点化的监管工作机制，避免相关领域出现涉黑涉恶事件，从而严重干扰乡村治理体系的有序建设。第二，需要加强对重点人员的日常监管，防止出现相关人员涉黑涉恶的现象。一方面，重点关注刑满释放人员，这类人员容易被社会"标签化"，难以融入社会，有可能再次犯罪。所以，需要重视对这类人员的帮扶教育，对其进行相关的职业教育和社会融入训练，帮助他们重新融入社会。另一方面，需要对重点领域的工作人员加以监管，及时、有效地掌握此类人员的日常生活、工作情况，杜绝各类黑恶势力的渗透，防止相关领域出现涉黑涉恶事件，减少国家公共利益的损失。第三，对一些关系比较复杂、村庄资源丰富、宗族势力多样的农村地区重点关注，因地制宜地推进农村黑恶势力犯罪的整治工作。很多农村由于内部各类资源利益的争夺、矛盾纠纷的爆发、宗族势力的影响等，为黑恶势力渗透提供了可趁之机，容易引发性质恶劣的涉黑涉恶事件。所以，需要对这些农村地区重点关注，定期开展扫黑除恶专项打击整治行动，利用村庄内部的网格管理来推进扫黑除恶工作。同时，需要在农村地区构建网上网下深度融合、人防技防相结合的治安防控体系，进一步筑牢打击黑恶势力犯罪的治理体系。

（二）阻断黑恶势力犯罪外部条件的形成

农村黑恶势力犯罪的形成与农村社会有着直接联系，常与农村地区整体的法治建设薄弱、腐败问题高发多发、基层组织软弱涣散、村民法治观念缺乏等现实情况联系在一起。如不加以及时、有效地整治，就容易滋生各类涉黑涉恶势力，让黑恶势力不断扩大，最终将严重影响农村经济社会的持续发展和当地村民的生活品质。结合已有的农村黑恶势力犯罪的现实情况，可以从打击黑恶势力犯罪与基层反腐工作相结合、持续加强农村基层党组织建设、塑造乡风文明的农村精神文化环境等三个方面开展工作。

从阻断农村黑恶势力犯罪外部条件的形成来看，首先，打击治理工作应与基层反腐相结合，改善农村的整体社会环境。当前农村黑恶势力犯罪反复出现、屡禁不绝，主要原因是农村腐败为农村黑恶势力犯罪的出现提供了外部条件。对农村腐败现象的打击有助于遏制黑恶势力的滋生，也有助于改善农村社会的状况。在办理农村黑恶势力犯罪案件过程中，应充分落实好"一案三查"制度，将查办黑恶势力、追查"关系网""保护伞"、倒查党委政府及有关部门的责任有机结合，防止"就案办案、就事论事"，确保打击农村黑恶势力犯罪活动和深挖其背后腐败问题同步推进。[①]纪检监察机关需要加大对基层各类干部的监管力度，将党政部门工作人员的涉黑涉恶问题作为重点关注问题，定期开展巡视巡查工作，防止农村黑恶势力的扩大。

其次，加强农村基层党政组织的建设，可有效遏制农村黑恶势力滋生蔓延与危害扩大。随着农村空心化、老龄化状况的加剧，各类农村基层党政组织总体上软弱无力、组织涣散，容易被各类黑恶

---

① 赵俊达：《吉林省农村黑恶势力犯罪打击治理问题研究》，硕士学位论文，吉林大学行政学院公共管理专业，2022，第 37 页。

势力渗透，从而干扰农村正常的社会秩序，影响村民的日常生产生活。从基层政府的角度出发，需要对农村基层党组织和村民委员会等村庄组织加以建设，提高各类组织的组织力和行动力，从而形成强有力的组织自觉性、防御力与控制力，防止各类涉黑涉恶人员进入农村组织，甚至成为黑恶势力的发展营地和组织条件。此外，对农村基层党组织、村民委员会及其他农村组织成员，基层政府需要加以审查，严禁各类受过刑事处罚及存在涉黑涉恶等问题的人员进入农村组织，阻断各类"村霸"、黑恶势力人员介入农村事务。

再次，推进农村精神文化的建设，塑造良好的农村社会文化环境。传承各类优秀的地方传统文化，形成村庄内部强有力的文化自信，以此抵制各类腐朽文化的进入，进而阻止各类黑恶势力对农村社会的影响，从文化源头上对农村黑恶势力犯罪进行有效控制。此外，还需要加强农村精神文明建设，不断提升农民的素质。随着农村经济发展水平的提高，农民的物质生活水平有了较大幅度的提高，但精神文化素质尚未跟上，农村缺乏各类精神文化活动，农民只能通过打麻将、打扑克等方式消磨时间，极易形成赌博、拉帮结派等不良风气。基层政府应加强农村精神文化建设，通过组织各类文明村庄评比活动，进一步改善农村社会的不良风气，净化农村的精神文化环境。

（三）完善黑恶势力犯罪的治理模式

农村黑恶势力犯罪治理模式的完善是治理黑恶势力犯罪的标准形式和据此展开治理实践的标准样式，体现了对农村黑恶势力犯罪治理方式的基本思路和主要做法，最后形成农村黑恶势力犯罪治理的成熟模式。

从农村黑恶势力犯罪治理模式的内容来分析，具体可以从以下几方面来入手。一是开展农村黑腐犯罪一体化治理。农村黑恶势力犯罪很多时候和基层腐败紧密联系在一起，基层腐败为黑恶势力提供了犯罪的温床。所以，在打击农村黑恶势力犯罪过程中需要建立一体化治理思路，同步治理基层腐败犯罪和黑恶势力犯罪。通过总结扫黑除恶工作的经验，深刻洞察黑恶势力犯罪隐蔽化、软性化、复杂化的态势，逐渐形成系统化、科学化的长效机制。二是加强黑恶势力犯罪治理与加强基层政权建设。在乡村自治推进过程中，需要有效调适乡镇政权与村民自治之间的张力，避免村级权力受到黑恶势力的干扰。建立指导型和监督型政府的管理机制，对乡村自治进行合理监督，最终实现国家利益与村民利益之间的平衡，防止黑恶势力进入乡村社会，维护农村社会的稳定繁荣。三是建设乡村法治与德治相结合的黑恶势力犯罪治理模式。法治与德治相融合的治理模式的建设，有助于建设治理农村黑恶势力的社会基础。以法治手段和乡村德治机制相融合的方式，发挥群众力量在治理农村黑恶势力中的长效治理效用，形成农村黑恶势力犯罪治理的长效化、系统化与制度化。

（四）加强打击黑恶势力犯罪的机制建设

农村扫黑除恶专项斗争已经结束，但扫黑除恶并不是一朝一夕的事，需要常抓不懈。打击农村黑恶势力犯罪需要从长远角度出发，建设一些常态化、规范化、科学化的制度和机制，以此来保障农村扫黑除恶工作能够持续、有效地开展。

从打击农村黑恶势力犯罪的机制建设来看，需要建立常态化打击机制、规范化考核机制及科学化监督机制。一是建立农村黑恶势力犯罪的常态化打击机制，推进扫黑除恶工作长效化开展。基层政府需要建立多部门联动的打击机制，实时共享农村黑恶势力犯罪的各类信息，有效推进全领域、多方位、深层次的农村黑恶势力打击机制。此外，村庄要建立与基层政府紧密相连的扫黑除恶工作机制，通过上下联动的方式及时发现农村涉黑涉恶事件，通过基层政府和村民组织共同努力来有效打击农村黑恶势力犯罪。二是建立农村黑恶势力犯罪打击的部门考核机制，促进各部门持续关注农村黑恶势力犯罪问题。在基层政府各部门尤其是自然资源管理、项目工程承接、资金流动管理等部门，需要加强对农村黑恶势力犯罪的实时管控，防止各类黑恶势力渗透进农村基层党组织和村民委员会等，并采取有效措施制止各类黑恶势力扰乱农村社会的正常秩序。建立基层政府部门规范化的黑恶势力打击考核机制，有助于各部门积极、主动地加强对农村黑恶势力犯罪的预防与管控，进一步加强农村社会的治安管理。三是建立打击农村黑恶势力犯罪的科学监督机制，让更多的社会公众能够通过监督政府部门的行为来强化对黑恶势力犯罪的打击。随着农村扫黑除恶工作的常态化与深入化，社会公众积极、主动地参与进来，建立对各部门科学化的监督机制，有助于打击农村黑恶势力工作的有效推进。基于扫黑除恶监督机制的设立，一方面，各政府部门需要及时公开各类信息，把各类问题暴露在阳光下，让更多的公众能够及时获得相应的知情权、表达权与参与权。在社会公众的有效监督下，进一步推动政府部门加强对农村黑恶势力犯罪的打击，动员全社会共同打击农村黑恶势力犯罪。另一方面，建设社会公众参与打击农村黑恶势力犯罪的监督机制，有助于增强社会公众的防范意识，从而自觉抵制黑恶势力犯罪。随着全社会监督机制的建设，越来越多的社会公众认识到农村黑恶势力犯罪带来的恶劣影响，进而主动抵制各类农村黑恶势力犯罪现象。

第六章
建设文明乡风，营造治理氛围

党的二十大报告指出，要统筹推动文明培育、文明实践、文明创建，推进城乡精神文明建设融合发展，在全社会弘扬劳动精神、奋斗精神、奉献精神、创造精神、勤俭节约精神，培育时代新风新貌。随着乡村振兴战略的全面推进，乡风文明成为重要的衡量指标之一，农村居民除了物质文明不断提高之外，还需要重视精神文化层面的提升，塑造农村社会文明的乡风。从推进全社会共同富裕的总体目标来看，除了物质经济水平的快速提高之外，丰富农村的精神文化也逐渐成为全社会关注的重要方面。进入新时代以来，乡风文明越来越成为农村发展过程中需要着重考虑的内容，也是全社会成员都需要主动参与和积极推广的重要方面。

乡风文明是新时代农村社会发展的重要内容，具体表现在如下方面。一是乡风文明是乡村振兴和共同富裕的核心内容。在实现乡村振兴和共同富裕过程中，农村除了物质经济水平的不断提升之外，还需要精神文化层面的提升，切实实现农村的经济、社会、文化、生态的融合发展。同时，习近平总书记提到，要从产业振兴、组织振兴、人才振兴、文化振兴和生态振兴五大方面来促进乡村振兴战略的实施，文化振兴是其中重要的内容。二是乡风文明是农村发展的重要目标。从农村社会发展的过程与阶段来看，物质经济水平提升是农村发展的最初阶段，乡风文明则是农村社会发展下一阶段的目标。从农村社会发展的实际情况来分析，物质经济发展一般是整个社会发展的前期基础，只有物质经济发展达到一定程度以后，才能够逐步推进农村精神文化方面的提升。通过物质发展与精神提升，有效地推进农村社会整体全面向前发展，为乡村振兴和共同富裕目标的实现打好基础。所以，乡风文明从另一方面来看也是农村社会发展始终追求的目标，只有农村的经济、社会、文化、生态等方面实现共同进步，农村社会才能够健康、有序地发展。三是乡村文明也是农村社会发展的重要保障。产业兴旺、乡风文明、生态宜居、生活富裕、治理有效是乡村振兴战略的总要求。乡风文明是乡村振兴和农村发展的重要保障，只有农村精神文化水平全面提高，才能真正转变农村社会发展过程中所遇到的各种落后、腐朽的思想观念，确保农村社会寻找到一条促进经济、社会、文化、生态协调发展的路径。

新时代乡风文明的建设需要一定的现实基础支持，也是农村经济社会发展到一定程度的体现。从乡风文明发展的阶段性来看，农村经济发展到一定程度之后，精神文化的发展就具有了坚实的基础，且从村民的现实需求来看，对精神文化生活的追求越来越成为当前农村社会发展的内在要求。第一，农村经济的快速发展，为精神文化的丰富和发展提供了必要的物质条件。改革开放以来，我国经济发展水平快速提高，一跃成为世界第二大经济体，农村经济发展取得了前所未有的成绩，农民的经济收入水平也有了明显提高。农村物质经济发展的快速推进，为农村精神文化的发展和提升做好了充足的物质准备。第二，农民对美好生活的向往是乡风文明建设的重要指引。随着农村社会的快速发展，农民已经不仅仅局限于物质层面的满足，而是越来越追求精神文化层面的享受，以及对美好生活的追求。农民对日常生活中的各类文化需求越来越旺盛，对村庄内部民主、法治、公平、正义、生态的生活越来越向往，促使农村精神文化生活水平不断提高，助推实现乡村振兴战略实施过程中的乡风文明目标。第三，对农村不平衡不充分发展问题的有效应对，提高农村社会发展的整体水平。我国的主要矛盾已经从人民日益增长的物质文化需要同落后的社会生产之间的矛盾，转变为人民日益增长的美好生活需要和不平衡不充分的发展之间的矛盾，但农村社会不平衡不充分的发展问题尤为突出，社会问题也因此增多。所以，从应对层面来分析，政府需要通过农村精神文化的提升来助力农民素质的全面提高，推进农村社会和谐、有序的发展，以此来维持农村的繁荣稳定。

一、弘扬社会主义核心价值观

党的二十大报告指出：我们要坚持马克思主义在意识形态领域指导地位的根本制度，坚持为人民服务、为社会主义服务，坚持百花齐放、百家争鸣，坚持创造性转化、创新性发展，以社会主义核心价值观为引领，发展社会主义先进文化，弘扬革命文化，传承中华优秀传统文化，满足人民日益增长的精神文化需求，巩固全党全国各族人民团结奋斗的共同思想基础，不断提升国家文化软实力和中华文化影响力。从建设文明乡风的手段来分析，在新时代需要充分弘扬社会主义核心价值观，从全社会层面推动公众树立正确的价值观，形成和谐有序的公共道德秩序。

（一）确立正确的价值观

2013 年，中共中央办公厅印发的《关于培育和践行社会主义核心价值观的意见》指出，社会主义核心价值观是社会主义核心价值体系的内核，体现社会主义核心价值体系的根本性质和基本特征，反映社会主义核心价值体系的丰富内涵和实践要求，是社会主义核心价值体系的高度凝练和集中表达。以社会主义核心价值观来引领村民的言行，让文明的乡风逐渐在农村社会建立起来，最终实现现代乡村治理体系的有效建设。所以，从村民的价值观念树立方面来看，通过社会主义核心价值观的宣传与推广，使其潜移默化地深入农村社会，可以培养新时代乡风文明的农村社会。

确立正确的价值观需要充分结合农村社会的实际情况，以此来推进当地文明乡风的建设。第一，始终坚持以社会主义核心价值观为指引，推进农村文明乡风的建设。在乡村治理体系构建过程中，构建文明乡风需要坚持社会主义核心价值观的指引，这能使全体村民自觉地形成正确的思想道德观念，并能够合理、有效地指导农民的日常生产生活行为。从基层政府层面来分析，需要在农村社会大力弘扬社会主义核心价值观，把社会主义核心价值观作为改善农村社会风气的重要手段，让更多的农民在价值观指引下生产生活。第二，结合农村社会的实际情况，有效转化社会主义核心价值观，使其更好地被当地农民所接受。在弘扬社会主义核心价值观的背景下，需要对社会主义核心价值观进行合理转化，从农村社会的实际情况出发来融入社会主义核心价值观，进而形成符合当地农村特点的价值观念。同时，从价值观念的具体表达方面来看，需要与农村日常生产生活中的各类具体事务联系起来，以农民乐于接受的方式来宣传与推广，让更多的农民自觉、主动地树立相应的价值观念。例如，可以开展各类农耕节、民俗节等活动，把社会主义核心价值观有效地融入日常农业生产和农村文化娱乐活动。第三，通过全面、深入的价值观宣传，让更多的农民深入了解社会主义核心价值观的内涵。为了更好地弘扬社会主义核心价值观，需要以恰当、合适的手段来宣传和推广，便于农民接受社会主义核心价值观的熏陶和影响，逐步树立起与之对应的价值观念。在实际工作中，需要以喜闻乐见的形式，利用现代网络技术、数字技术、人工智能等技术，通过电视、手机、广播等载体加以宣传和推广。例如，当前农村社会中，很多村民喜欢通过抖音等平台来获取各类信息，如果在抖音平台融入社会主义核心价值观的思想内容进行宣传，村民更容易理解和掌握社会主义核心价值观的主要内涵。

（二）开展社会主义核心价值观教育

农村地区社会主义核心价值观的塑造，需要通过教育来持续地影响农民的思想观念。加强社会主义核心价值观教育，需要充分认识到农村社会的现实情况以及面临的各类困境，努力在乡村振兴和共同富裕目标引导下，开创乡风文明的建设。

围绕着农民群体的社会主义核心价值观教育，主要可以从以下几方面入手。第一，优化外部教育环境，营造社会主义核心价值观教育的良好氛围。随着经济社会的快速发展，越来越多的新媒体、新平台成为农民扩大信息交流的重要媒介，在农民的价值观形成过程中发挥了重要的作用，从外部环境的影响情况来分析，此类环境的变化直接影响着农民对社会主义核心价值观的接受程度。所以，优化农民价值观塑造的外部环境，首先需要从制度层面对外部环境和各类平台加以监管，建立一个清朗的网络信息环境。其次，需要增强农民对各类网络信息的甄别能力，通过一些适当的培训与教育，让农民能够获取各类信息，提升自身的思想价值观念，抵制各类不良的嗜好和低级趣味，自觉、主动地弘扬社会正能量。最后，提高农民的媒介素养，正确、合理地利用外部环境和平台上的各类资源与信息，逐步提高其思想道德水平。

第二，注重农民社会主义核心价值观教育的方式方法，强调教育方法的创新实践。已有的社会主义核心价值观培育的方式方法在农民接受度和针对性方面依然存在着一些问题和不足，可能并不符合农民群体的特点，难以很好地被农民所理解和接受。还有，尚未针对农民社会主义核心价值观教育的需求来开展活动，因此，需要注重教育方式方法的创新，立足于当前农村社会的具体情况来推进。把价值观念教育与解决实际问题相结合，在应对现实问题和解决实际困难中，融入社会主义核心价值观，潜移默化地转变农民的思想道德观念。此外，尝试通过村庄内部和农民身边的一些榜样人物的示范效用，有效地带动农民积极、主动地参与各类善举活动，逐步提高农民的思想道德水平。

第三，建设农民社会主义核心价值观教育体系，持续有效地推进价值观教育工作的开展。加强对农民社会主义核心价值观的教育，还依赖于在农村地区建立起比较全面、系统的社会主义核心价值观教育体系，持续、深入地推进农民群体思想道德观念的培育，让农民能够真正践行社会主义核心价值观。

（三）建设科学文明的公序良俗

在推进文明乡风的建设过程中，还需要建设科学文明的公序良俗来提升农民的思想道德水平。把社会主义核心价值观融入农村的日常道德规范体系，在社会主义核心价值观引导下，建设科学文明的公序良俗。一方面，建设科学文明的公序良俗是提升农民思想道德素质的重要目标，为此要以社会主义核心价值观为指引来建设农村社会良好的思想道德规范体系；另一方面，建设科学文明的公序良俗也是推进农民树立社会主义核心价值观的重要手段，即以科学文明的公序良俗为道德规范来影响农民的行为，从而让更多的农民在实践过程中确立起符合社会主义核心价值观的言行，改善农村地区的思想道德状况。

在社会主义核心价值观的指引下，建设农村社会科学文明的公序良俗，需要从以下几方面入手。第一，构建农村社会健全的思想道德体系，加强对农民思想道德行为的有效指引。基层政府应有效引导，在农村社会建立比较完善的思想道德体系，引导农民提升思想道德素质，从农民的日常言行方面加以强化，以期符合乡村社会发展的需要。同时，结合农村社会的传统文化和当前社会发展的形势，构建符合新时代农村社会的思想道德体系，将其作为农民日常行为的重要准则。第二，大力开展移风易俗活动，倡导农民养成勤俭节约的生活习惯。通过在农村社会内部倡导移风易俗的行为，村干部带头示范，杜绝各类铺张浪费现象，形成勤俭节约的生活作风，为农村科学文明的公序良俗的建设打下坚实的基础。建设农村科学文明的公序良俗，还包括在农村地区精简婚事、丧事及其他宴请活动，减少各种浪费，注重村民精神文化层面的提升。通过此类生活习惯的改善，推行勤俭节约的生活方式，建立农村科学文明的公序良俗，提高全体农民日常的思想道德素养。第三，倡导邻里之间的互助行为，创造农村社会守望相助的良好氛围。促进邻里关系的改善，营造和睦相处的良好氛围，可以为村民之间的互助行为提供相应的社会基础。此外，结合当前农村社会发展的现状，尝试从一个更深层次的角度入手来改进邻里关系，将为农村社会整体社会主义核心价值观的建设编织良好的社会关系网络。

通过多方面的共同努力探索和实践，农民社会主义核心价值观塑造将会逐步提升，这将为乡村德治工作的开展带来较大的助力，让更多的农民具备更高的思想道德素质。随着乡村振兴战略的深入实施，乡风文明已经成为农村社会中重要的德治体系建设内容，越来越多的农民也受到社会主义核心价值观的引领，以自身的行动来改善农村整体的社会风气。总之，乡风文明在农村地区并不是一成不变的，而是要随着经济社会的快速发展，形成符合新时代社会特点的思想道德体系，以社会主义核心价值观为引领来开创乡村德治的新高度。

在实际工作中，不少地方结合当地实际情况进行乡风文明的建设，提高了村民对社会主义核心价值观的认识和认同。山东省沂水县实施殡葬改革来推进乡风文明的有效建设，具体有如下措施。一是明确改革指导的原则，有效引导公墓安葬。坚持"三为主""三不准""三严禁"，疏堵结合，引导殡葬改革稳妥推进。在全县范围内印发《致全县党员、干部和企业家的一封信》，要求党员干部和企业家带头丧事俭办、移风易俗，发挥示范表率作用。二是引导群众算好六笔账，形成改革共识。算好、算透、算清经济账、土地账、资源账、安全账、环境账、祭祀账，动员全县各级各部门和广大群众形成共识，积极支持并参与改革工作。三是由政府主导建设公益性公墓，打牢殡葬改革基础。由政府主导、统一规划，以乡镇为主体，把公益性公墓建设作为殡葬改革的基础性工作。加强公墓的绿化、美化，配套建设停车场、集中祭奠点等。四是理顺殡葬管理体制，为群众提供优质便民服务。出台公益性公墓管理办法，开发信息化管理系统，对公墓建设使用、逝者基本信息、群众享受惠葬政策等情况实现常态化、信息化、规范化、长效化管理。五是推行"厚养礼葬"，深化移风易俗。发挥村干部和村红白理事会的作用，规范丧事办理流程，改变殡葬陈规陋习，倡导文明节俭之风，改变丧事大操大办现象，改变一系列丧葬仪式，逐步形成"厚养礼葬"的新风尚。经过殡葬改革实践，当地乡村乡风文明建设有了明显成效，公益性公墓建成以来，新去世人员全部进入公益性公墓安葬，进公墓率达100%，集中安葬这些逝者节地率达90%以上。

　　山东省荣成市创新探索"信用+"乡村治理模式，将信用建设与乡村治理融会贯通，形成了有制度、有奖惩、有应用、有考核的乡村治理体系，具体有如下方面。一是加强乡村约束，把村规民约提升为信用管理。在村庄内部进行量化赋分，让信用"摸得着"。当地农村就环境整治、移风易俗、尊老爱幼等事项进行信用积分管理，并赋予相应的奖惩措施，使村规民约的"软约束"变成信用管理的"硬要求"。同时，通过村庄信息平台公开公示信用分，利用村庄内部的舆论机制来影响村民的行为。建立农村信用信息管理平台，把群众的信用情况纳入大数据平台，实现各个部门之间的信息互通，提高村民自身行为的管理水平。二是注重激励村民，把各类福利转变为信用奖励。通过创立村内奖励机制，把村民福利转变为信用基金，通过差异化奖励方式，让村民更加积极地参与乡村治理过程。同时，注重利用仪式化方式来实施奖励，让村民在接受奖励时更加有仪式感和荣誉感，使得信用奖励在群众心目中更具影响力。在全市范围内建立信用奖励机制，守信的村民能够享受免费旅游、免费公交、就医优待等信用激励，进一步引导广大群众的日常行为。三是注重文明实践，把志愿服务转化为信用奖励。在村庄内建立"信用+志愿"模式，用信用激励志愿服务，激发群众参与的积极性，有效推进农村公共事务的治理。例如，在农村人居环境整治方面，利用信用积分来引导农民拆除违建，并对主动参与此项工作的志愿者给予积分奖励。利用信用积分在村庄内形成网格治理机制，有效推进乡村治理网格效能的发挥。四是扩展治理效能，把乡村治理重点工作纳入信用考核。利用信用建设机制，进一步促进农村各项工作的开展，例如通过信用机制的效用发挥，进一步促进乡村产业的差异化、多样化发展；环境卫生整治方面则实现日常保洁、垃圾分类、污水治理等工作的有序推进，进行信用积分奖励；干部队伍建设方面，以信用积分奖励来考核干部的工作，进一步促进乡村干部工作能力提升和工作方式的转变。在全市范围内建立信用积分奖惩机制，显著推进了乡村治理各项工作的有序进行，也进一步推进乡村治理体系的建设及治理机制的提升，为现代乡村治理提供了更加多样化、差异化的治理方案。

二、倡导乡村优秀文化

从新时代乡风文明建设的角度来分析，随着农村社会发展的快速推进，越来越需要各类优秀的乡村文化来支持乡风文明的建设。从乡风文明和优秀文化两者的内在关系来看，一方面，乡风文明包括乡村优秀文化的传承与发展，即乡村文化在农村社会发展中不断丰富和发展，有助于构建乡风文明的农村社会生活。另一方面，乡风文明是优秀文化发展的重要目标。在农村社会的发展过程中，优秀文化的传承和发展，最终目的是促进实现农村社会的乡风文明，让全体村民能够切实地提高自身的思想道德水平，有效地继承乡村优秀文化并提升村庄的精神文化层次。所以，新时代乡风文明的塑造，其中一条有效的路径就是倡导与推广乡村社会的优秀文化。

（一）乡村优秀文化是乡风文明的基石

乡风文明是促进乡村振兴的重要内容，而发挥乡村优秀文化的作用是推进乡村振兴中乡风文明的重要举措。从历史上来看，乡村优秀文化一直是树立乡风文明的重要内容，也是实现乡村振兴目标的重要基础。

第一，中国社会是以农耕文明为基础的礼仪之邦。乡村社会有着深厚的"草根性"和"乡土性"，人们的生存方式和生计方式决定了乡村传统文化的"乡土性"特质。乡村优秀文化是村民在长期的生产生活实践中积累形成的，是当地村民实践经验的总结，时刻影响着当地村民的生产生活方式。在新时代，推进乡村振兴需要进一步树立乡风文明，通过乡村优秀文化的挖掘，可以为乡村振兴奠定良好的文化基础。从当前历史的维度来分析，传承发展优秀传统文化，既是实现乡村振兴战略目标的重要任务，也是当下乡村治理和乡村振兴的重要基石。

第二，"规则文化"是乡风文明的基本依据。传统乡村社会是一种礼治社会，村庄内部保持着一种"无讼"的状态。乡村优秀文化是一种包括"规则文化"在内的文化综合体，具有构建社会秩序、整合社会结构和确立价值观的功能。乡村传统文化是一种构成性秩序，乡规民约、公序良俗等作为乡土文化的载体，在乡村社会治理中具有与村民价值观相契合、可接受性强的特点和优势。到现代乡村社会，传统乡村优秀文化中的"规则文化"始终影响着乡村居民，以村民自治方式来推进乡村治理秩序的建设，推进乡风文明在现代农村中的建设。从"规则文化"在现代乡村治理过程中的作用来看，具体表现为创新乡村协商议事形式和活动载体，形成民事民议、民事民办、民事民管等多层次协商治理格局。

第三，以优秀传统文化夯实乡风文明建设。优秀传统文化是历代村民不断总结生产生活经验，并经过长期创造、积淀形成的精神文化的综合，能够有效地反映当地乡村社会的历史风貌、观念形态、思想内涵及行为方式。在推进乡村振兴过程中，需要把乡村优秀文化与乡风文明建设有机结合起来，让广大农民积极参与优秀传统文化的挖掘和建设，把优秀传统文化和家庭教育、学校教育有机结合起来，发挥优秀传统文化在乡风文明建设中的重要作用。

（二）提高农民的思想道德水平

倡导乡村优秀的地方文化，必须提高农民的思想道德水平。从农村社会的实际情况来分析，优秀文化的倡导和推广需要一定的道德基础，只有农民的思想道德水平达到一定程度以后才能够有效地推进乡村优秀文化的传承与发展，进而推进文明乡风的建设。从精神文明建设的历史规律来看，推进全社会发展优秀的地方文化，必须立足于与地方社会内部相统一的道德基础，即农民对社会事务形成较为一致且有较高的思想道德水平，才能够主动传承与弘扬当地优秀文化，把地方文化发展成符合新时代要求的重要标志物。

推进农民思想道德水平的提高，需要从以下几方面入手。第一，在社会主义核心价值观的引领下，通过活动宣传、教育引导、制度支持与实践参与来有效提高农民的思想道德水平。以符合农村社会特点的方式来构建农民思想道德提升体系，从日常的生产生活入手逐步提高他们的思想道德层次，引导农民自觉形成符合新时代社会特点的行为。第二，加强农村社会内部道德工程的建设，推行农民诚信指数，不断提高村庄的整体道德水平。随着农村社会的快速发展，越来越多的社会问题呈现出来，需要较高的思想道德素养来促进农村社会的长治久安与和谐稳定。政府应基于农村社会内部的各类传统道德资源，加强农民职业道德、社会公德、家庭美德及个人品行方面的提升，帮助农民逐步提高思想道德素养，使其爱党、爱国、爱集体。第三，加强区域范围内思想道德模范的宣传与推广，促进当地农民深入体会思想道德的影响力。宣传农村社会内部的各类典型道德模范人物和事件，以此来推进村庄内部思想道德素养的建设，让更多的农民能够深入学习和领会思想道德建设对优秀文化传承发展和促进和美乡村建设的重要意义。通过典型人物和事件的影响，农民逐渐模仿和参与，从行动到意识推进自身思想道德的全面提升。

（三）传承发展优秀的传统文化

倡导乡村优秀文化，需要对乡村传统文化进行挖掘与传承，形成符合新时代特点的乡村优秀文化。中国乡村传统文化博大精深、源远流长，不同类型的地方传统文化影响着农民日常的生产生活。例如，农村地区天人合一的传统生态思想，为的就是结合农村社会的实际情况，形成的保护自然、保护生态的有效方式，这让我们的土地在几千年的农耕过程中能够保持肥力，也没有出现农业污染和食品安全问题。此外，农村地区浓厚的孝文化是乡村道德文化的重要根基，这有助于促进村庄内部形成和谐有序的乡村文化，维持村庄较为稳定的秩序。

传承发展优秀的传统文化，需要结合新时代农村社会的特点，与现有的技术手段相联系，形成具有地方特色的传统文化，具体有如下措施。第一，从传统文化的挖掘与选择方面入手，进行系统梳理、有效传承。不同地域、不同类型的农村具有不同的地方传统文化，需要进行全面、系统的梳理，即对已有农村传统文化进行有效整理，并与现阶段的农村社会发展特点相结合，进而形成新时代的乡村优秀文化。利用现代宣传手段来推进乡村优秀传统文化的传承与推广，让当地农民能够深入地理解传统文化的内涵，塑造符合现代农村社会的思想道德观念和个体行为。第二，以乡村优秀的传统文化为基础，不断进行创新实践，以此来有效地构建新时代乡村优秀文化体系，更好地推进乡村传统文化的传承与发展。随着经济社会的快速发展，乡村文化也随之发生变化，政府需要结合农村社会自然地理、经济发展、社会结构等方面进行文化创新。基于外部环境的变化和新文化的进入，乡村传统文化也需要与时俱进，形成符合新时代农村社会特点的文化体系。第三，建立符合农村社会特点的传统文化传承与教育机制，促使农民有效地掌握乡村传统文化的精髓。乡村传统文化在经济社会发展过程中出现了衰弱的迹象，越来越多的传统文化面临着失传的危险，为了更好地促进优秀传统文化的传承发展，需要对农民加强传统文化的教育。在村庄内部通过一些典型人物或故事来加强对传统文化的宣传与教育，让更多的农民能够在日常生产生活实践中主动传承。同时，也可以把地域性文化融入各类中小学教育，以思想道德教育、生态教育、劳动教育等方式来加强日常的学习与培训。在家庭成员内部，利用"小手拉大手"的辐射作用建立优秀传统文化的教育机制，逐步推进乡村优秀传统文化教育效果的不断扩大。

（四）改善农民的精神文化生活

倡导乡村优秀文化，需要不断丰富农民的精神文化生活，让新时代乡风文明以一种农民满意、农村繁荣的方式呈现。从农村社会的现实情况来看，精神文化生活已经成为农民日常生活的重要内容，如不加以重视，有可能造成乡村文化的空虚及农民思想道德素质的降低，进而出现低俗文化涌入农村地区的现象。所以，政府需要采取措施不断丰富农民的精神文化生活，形成多样化、全方位、地域性的农村精神文化生活，以满足农民的需求，促进乡村优秀文化的传承与发展。

农民精神文化生活的改善是推进文明乡风建设的重要方面，也有助于从农民角度出发来推进乡村优秀文化的传承发展，具体有如下方面。第一，建立健全农村公共文化服务体系，为改善农民精神文化状态提供相应的物质基础。农民精神文化生活的丰富，依托于各类农村精神文化设施的建设，确保农村的网络、空间、设施等配备到位，以便农民通过网络、电视、广播等方式开展文化活动，满足农民的各类精神文化需求。第二，引入各类文化活动，推进"文化下乡"活动持续开展。随着农村物质经济水平的提高，农民对精神文化的需求越来越旺盛，需要引入一些符合农村特点的文化活动，让农民以比较容易接受的方式来提升自身的精神文化素养。同时，为了更好地推广乡村文化活动，文化部门及文艺工作者应深入农村社会，创作各类以"三农"题材为主线的文化产品，更好地满足农民的精神文化需求。第三，注重农村文化队伍的建设，使其成为推进农村精神文化体系建设的重要力量。这就需要组建一支懂农村、爱农村的文化工作者队伍，让更多优秀的文化工作者为农村精神文化的繁荣作出贡献。此外，农村文化工作者可以充分发动农民积极参与文化工作，以兼职身份开展各类文化服务活动。农民的积极参与，有助于深入挖掘农村的各类素材和资源，形成符合农民需求特点的文化产品，更好地改善农民的精神文化生活。

三、完善村规民约

农村文明乡风的建设需要依靠村规民约进行规范。村规民约是村民在自治过程中，根据国家法律、地方性法规及村庄的实际情况，为有效维持村庄秩序而形成的一种规章制度。村规民约不仅规定了村民日常生产生活过程中的行为规范，还对违反村规民约的行为制定了相应的惩罚措施，进一步约束村民的日常生产生活行为。习近平总书记曾指出："很多风俗习惯、村规民约等具有深厚的优秀传统文化基因，至今仍然发挥着重要作用。要在实行自治和法治的同时，注重发挥好德治的作用，推动礼仪之邦、优秀传统文化和法治社会建设相辅相成。"① 因此，进一步完善村规民约，有助于在村庄范围内形成有效的规范体系，提高农民的思想道德和日常行为水平。村规民约的完善，需要从提高村规民约的适用性、增强其有效性以及扩大影响力这三方面入手。

（一）提高村规民约的适用性

完善村规民约，需要提高村规民约在乡村文明乡风培育中的适用性，以更好地符合农村当地日常的生活习惯与文明乡风。当前，在国家法律和地方性法规的指导下，村规民约已成为村庄日常工作的约束性内容，但其对村民日常文明言行的引导与规范效果还不明显。所以，需要不断提高村规民约的适用性，有效规范村民日常言行，提高文明乡风建设水平，加强乡村治理的社会基础建设。

为了进一步推进文明乡风的建设，需要从以下几方面入手来推进村规民约的适用性建设。

第一，在国家法律和地方性法规的指导下，具体制定与完善村规民约有关日常言行的规定，使其具备相应的法律依据，更好地引导乡村文明建设。按照《中华人民共和国村民委员会组织法》《中国共产党农村基层组织工作条例》等国家法律和党内法规及地方性法规来完善村规民约。对当前村规民约中缺乏的乡风文明方面的内容进行补充与完善，进一步规范农民的日常言行和各类风俗习惯，引导农村社会内部的乡风建设。

第二，立足于当地村庄的日常生活习惯特点，制定合理的村规民约，有效规范农民的日常言行，营造良好的乡村文明氛围。村规民约的制定和完善，除了符合法律法规的要求外，还需要符合当地

---

① 习近平：《把乡村振兴战略作为新时代"三农"工作总抓手　促进农业全面省级农村全面进步农民全面发展》，《人民日报》2018 年 9 月 23 日第 1 版。

乡村文明乡风建设的需要。农村社会受自然地理、经济、文化等方面的影响较大，因此，完善村规民约必须从农村社会的特点出发，设定符合村庄现实情况的制度规范，以此强化村庄内部文明乡风的制度建设和规范管理。不同地域的农村生产生活习惯存在较大差异，如果以"一刀切"方式来推进乡村治理，就有可能让乡风建设"千篇一律"，甚至造成农村社会内部各类矛盾和纠纷的产生，影响农村社会的秩序。

第三，充分吸纳村民的意见和想法，进一步提高村规民约的适用性。在推进村庄的文明乡风建设过程中，要结合农村社会的实际情况，这就需要充分吸纳当地村民的意见和建议，动员当地村民积极参与村规民约的制定和完善，以建设符合当地村庄日常生产生活特点的文明乡风。从基层政府层面来看，需要从制度层面设计，在村庄内部建立有效的村民参与机制，即当地村民享有相应的知情权、表达权和参与权。从村庄层面来看，则需要在村庄内部设立公众参与机制，围绕村庄文明乡风建设，组建由村干部、小组长、妇女代表、村民代表等人员构成的议事委员会，对村规民约的完善提出针对性的意见和建议，确保村规民约的适用性。

（二）增强村规民约的有效性

在乡村文明乡风的建设过程中，还需要增强村规民约的有效性。不同于国家法律有执法机关的强制执行，村规民约是一种村庄内部村民约定俗成的制度规范，不具有相应的强制力和执法机关的保障。另外，村规民约是依托于乡村熟人社会的社会结构、社会关系，由村民自发形成的相应的监督机制。正是基于村规民约所具有的内生性和软约束性，它更能有效地推进村庄内部文明乡风的建设，正确地引导当地村民树立良好的生产生活习惯，推进乡村精神共同富裕目标的实现。

为了提高村规民约在文明乡风建设中的有效性，需要从村规民约的具体执行层面做出一些规定，以此来真正引导与规范当地农民的日常言行，为乡风文明提供相应的治理基础。

第一，在村庄范围内形成统一的共识，即全体村民都应遵守村规民约，养成良好的言行举止，共同维护村庄内部的良好秩序。村规民约的制定和完善需要获得全体村民的认可，即村民能够把村规民约作为日常生活行为的重要规范依据，从意识层面予以重视。这种认同感，除了在村规民约制定过程中需要充分吸收当地村民的意见之外，还需要将其有效地转化为村民的自我意识。此类转化过程需要在村庄范围内，通过文明乡风建设中的典型案例或典型人物对村规明约进行呈现，让村民能够直观地理解村规民约，并将其作为生产生活行为的重要依据。

第二，立足农村熟人社会的特点，形成村庄内部的监督体系，积极推进文明村庄的建设。在村庄内部建立相应的监督机制，可以有效地推进村规民约对文明乡风建设和精神共同富裕目标实现的作用，对违反村规民约的各类言行进行监督和制止。为了保证村规民约能够在村庄内部实施，需要基于村庄社会结构和社会关系建立一整套监督机制，使村民能够主动对一些不文明的言行举止进行监督并适时地加以制止。对村庄整体文明乡风建设影响较大的行为，村民应及时地向村民委员会反馈，使各类违法违规行为能够得到有效控制。

第三，设立村庄内部的执行队伍或执行机制，对违反文明乡风建设的言行进行合理的、适当的惩戒。为了增强村规民约在文明乡风建设中的有效性，还需要在村庄内部设立一支稳定的执行队伍，以村民自治的方式来应对各类违规行为，采取有针对性的惩罚措施。在苗族等少数民族聚居的地区，一直以来都有对违反村规民约和族规的不文明言行的惩戒措施，通过寨老制等方式惩罚村民的各类违规行为，在村庄范围内进一步强化村规民约的影响力，有效规范村民的日常言行举止，为当地文明乡风的建设奠定了良好的社会基础。所以，以村规民约的实施推进文明乡风建设的视角来分析，需要建设执行队伍或建立执行机制，利用村民自治的方式来加强对违反村规民约行为的惩罚和管理，并在全村范围内形成较强的影响力，促进全体村民积极遵守村规民约的相关规定。

（三）扩大村规民约的影响力

在推进乡村文明乡风建设过程中，除了需要发挥村规民约在实际工作中的效用之外，还需要进一步扩大其影响力，以便村民更好地接受并切实地改变自身的言行举止。从乡村治理体系构成的内容来分析，村规民约的有效推行有助于村庄文明乡风的全面建设，从德治层面促进"三治融合"治理机制的塑造。此外，从村规民约的适用性和有效性来分析，同一区域的农村社会可以尝试进行推广和加以借鉴，以此来提高乡村德治的整体水平。

为了不断扩大村规民约在文明乡风建设方面的影响力，需要从加大村规民约的推广力度、更新村规民约的内容等方面入手。第一，加大村规民约的推广力度，多层次、全方位地宣传与推广各类文明言行，让更多的村民了解文明乡风建设的核心内容。结合当前文明乡风建设的具体内容，可以利用现代数字技术多样化地推广，以便村民能够及时、有效地获取文明言行规范的相关资料与信息，进一步增强村民对乡风文明建设各方面工作和要求的了解。具体来看，可以在村庄范围内举办一些宣传推广活动，让村民在参与活动的过程中更好地掌握村规民约中有关村民文明言行的相关内容及建设文明乡村的具体途径。第二，加强村规民约的更新完善，使其更符合当前文明乡风建设的实际情况，有助于村民将其切实地运用于日常生产生活中。村规民约应结合外部经济社会的发展及当前文明乡风建设的实际要求及时做出调整与更新，从而为村庄文明乡风建设提供更多保障，让更多的村民能够依据村规民约来约束自身日常的言行举止。同时，充分利用村民自治的力量来推进村规民约的更新完善，即吸纳村民提出的相关意见和建议，融入村规民约的内容，以便村规民约能够符合当前文明乡风建设的要求和村民对文明村庄建设的需求。第三，加强不同村庄在文明乡风建设方面的沟通交流，促进村规民约影响力扩大的同时进一步完善对村民文明言行规范的内容。根据各村庄在文明乡风建设方面的实际情况，加强不同村庄之间的沟通交流，进一步扩大村规民约的社会影响力并加强村庄之间的联系，有助于各村庄在文明村庄建设中取长补短，引入一些有效的实践做法与技术手段。基于不同村庄文明乡风建设具体实践的沟通与交流，利用村规民约的具体规范的设定与完善，提高村庄文明乡风建设的整体水平，为区域内乡风文明目标实现奠定良好的制度基础和群众基础。

　　总的来看，随着乡村振兴战略和共同富裕目标的推进，文明乡风的建设越来越重要，精神共富成为乡村共同富裕的重要组成部分。改革开放以来，中国经济飞速发展，整体社会在经济发展过程中发生了天翻地覆的变化，农村社会也出现了巨大的改变。城市化、工业化进程的推进，促使越来越多的农村剩余劳动力进入城市工作和生活，农村空心化、老龄化状况越来越突出，农村思想道德文化体系也发生了较大的变化，越来越多的外来思想文化进入农村社会，理性思维也进入农村，影响着农村社会内部以传统文化为基础构建的行为规范。所以，当前文明乡风的建设已经成为农村发展的重要内容，需要从中央政府到基层政府及村庄层面结合农村社会的实际情况，出台相应的举措来建设农村思想道德体系，逐步提高农民的思想道德素养，形成村庄内部科学文明的公序良俗。

结　语
组织振兴是乡村治理的核心

把分散的农民组织起来，不仅是发展现代农业的需要，也是乡村治理的核心。组织振兴是乡村振兴的基础，也是实现乡村治理现代化的途径，加强党对乡村的领导，实现"三治融合"，最终都要体现在组织振兴上。在 2022 年中央农村工作会议上，习近平总书记指出，全面推进乡村振兴是新时代建设农业强国的重要任务，在推进乡村振兴中要统筹部署、协同推进，抓住重点、补齐短板，全面推进产业、人才、文化、生态、组织"五个振兴"。"五个振兴"相互促进，缺一不可，在"五个振兴"中，组织振兴具有统领的作用，意义重大。

一、农业农村现代化需要把农民组织起来

乡村振兴需要乡村的全面发展，组织振兴是关键，只有组织振兴才能加强党在乡村振兴中的领导力，解决小农户与现代农业有机结合的问题，提升乡村治理的效能。

全面建设社会主义现代化国家，最艰巨最繁重的任务仍然在农村，要推动乡村的快速发展，实现乡村振兴需要强有力的领导。习近平总书记多次强调在乡村振兴中加强党的领导作用，在 2022 年 12 月中央农村工作会议上再一次强调"要坚持五级书记抓乡村振

兴，县委书记要当好'一线总指挥'"。党如何领导乡村振兴，五级书记如何抓乡村振兴？五级书记需要通过党的组织抓乡村振兴，强有力的党组织是五级书记的抓手。从这个意义上说，党对乡村振兴的领导和五级书记抓乡村振兴都要体现在组织振兴上，通过坚强有力的党组织，发挥党员的作用，将各级干部和群众紧紧团结在党组织周围，形成乡村振兴的合力，才能实现党对乡村振兴的领导。党对乡村振兴的领导需要健康的党组织，也需要在党的基层组织领导下的经济组织、社会组织和群众性组织。经济组织、社会组织和群众性组织在各自领域发挥功能，形成组织体系，共同推动乡村的产业振兴、人才培育、生态保护和群众的生活娱乐。提升乡村振兴的领导力不是书记唱独角戏，也不是仅有党组织在基层工作，而是要提升党组织的引领作用，发育完善各类专业组织，使乡村成为一个有机的整体。

组织振兴是实现小农户与现代农业有机结合的途径。中国目前还有98%的农业经营主体、90%的农业从业人员是小农户，70%的耕地仍然由小农户经营。中国的乡村振兴不能重复西方发达国家的乡村发展之路，不能以消灭小农户为代价实现农业农村现代化。从乡村振兴的角度看，小农户的广泛存在是中国乡村振兴的优势，而不是要甩掉的包袱，乡村振兴关键就是要发挥小农户的优势、克服小农户的弱点、促进小农户的现代化。小农户具有很多优势，比如小农户可以更好地利用不同的自然资源生产多样性的农副产品，小农户的劳动力成本较低，而且由于其规模小，具有更强的适应性。正是小农户的广泛存在为乡村保留了居民，使许多劳动密集型产业可以发展，为乡村振兴提供了可能。但是小农户的弱点也很明显，其中最典型就是规模小、抗风险能力弱、与市场的连接不够密切。而克服小农户弱点的措施就是将小农户组织起来，通过组织来弥补小农户规模小的不足，提升小农户与市场的联系，增强其抗风险能力。社会化服务组织可以满足小农户对农业服务的需求，使专业的农业服务能覆盖小农户；市场组织减少了农副产品销售的中间环节，帮助小农户提升了销售能力；合作金融组织有助于小农户减少金融风险，改善农村金融服务的现状。事实上，小农户与现代农业结合就是要推动传统的小农户转变为现代化的小农户，达到这样的目标：尽管其土地面积比较小，主要依靠家庭劳动力，生产规模还维持在小农户状态，但是其信息、技术和市场都已经实现现代化，现代化的小农户不再是一家一户自给自足的小农户，而是组织起来共同进入市场的小农户联合体。组织振兴是小农户现代化的关键，只有小农户实现现代化，才能有中国特色的农业农村现代化。

组织振兴也是实现乡村治理有效的保障。有效的乡村治理是乡村振兴的一个重要方面。有效的乡村治理需要民主决策、民主管理、及时化解乡村社会问题、保持乡村的社会团结和社会秩序，要实现乡村治理有效，就离不开组织振兴。村庄事务的民主决策、民主管理是乡村治理的核心，要实现民主参与、民主管理，就需要有效的组织机制，如村民大会、村民代表会、村民议事会等，通过这些组织反映村民的意愿，进行沟通协商，从而实现村庄事务的民主决策。化解矛盾同样需要有效的组织。任何一个村庄都会存在许多矛盾和冲突，有效的村庄治理需要及时化解矛盾、调解纠纷，否则就可能因矛盾不断积累而影响村庄的和谐。要及时化解村庄矛盾也离不开村庄内部调解组织的建立，通过建立村庄内的纠纷调解组织可以实现矛盾纠纷有人管，从而将矛盾解决在基层。随着乡村青壮年劳动力外出，乡村的治安也面临着新的问题，尽管公安部门对于保障乡村安全发挥了重要作用，但是许多乡村地广人稀，要保障公共安全还需要将村民组织起来，发扬邻里互助的传统，才能实现真正的社会安全。总之，提升乡村治理水平需要"三治融合"——加强法治建设、发挥德治作用、真正实现村民自治，所有这些都要依靠乡村组织振兴：通过把村民组织起来，监督政府、干部和村民的行为，保证依法办事，提升乡村法治水平；组成村民的评议组织，实现村民的自我监督和自我管理，弘扬传统美德和社会主义核心价值观，提升乡村的德治效果；村民自治更需要将村民组织起来参与村庄事务决策，发挥民主参与、民主监督的作用。

当前中国乡村面临着两个转型：首先是从传统向现代的转型，现代化的流动、个体主义逐渐代替原有的稳定和集体主义，乡村传统组织难以满足现代乡村的需求，乡村需要发育具有现代性的组织；其次，受城市化的影响，乡村人口大量外流，原有的乡村秩序和权威都在发生改变，乡村组织化水平降低，一些村庄甚至出现无组织的状态。在这种现状面前，乡村的组织振兴就具有特别重要的意义，组织振兴不仅仅意味着农民要被组织起来，更重要的是要满足农民的需求，培养发育具有现代性的组织。

二、组织振兴的重点工作

组织振兴是一项复杂的工作，既要加强领导、积极推动，又不能越俎代庖，超越当地发展需求。所以在不同地区、不同的村庄，其工作重点也会不同。因此，要抓住当地的实际需求，有针对性地推动乡村的组织振兴。

第一，激活组织功能。组织振兴首先要激活现有的组织，让乡村的组织真正地动起来，避免有组织无成效的现象。乡村振兴工作有成效的地方往往也是乡村组织活跃的地区，而乡村振兴难度较大的地区往往也是乡村组织不活跃的地区，这些地区要激活现有的组织，率先解决党组织软弱涣散的问题。应通过选拔带头人，增加党组织的新鲜血液，增强党组织的责任意识，使基层党组织能真正发挥领导作用。其次，要推动村民自治组织发挥自治作用，特别是要动员村民参与乡村振兴。在乡村振兴中，国家有大量投入用于乡村建设，要充分利用这一机遇，让村民参与到乡村建设的规划、施工、监督过程中，不仅让农民得到实惠，也让农民行使权力，提升农民的主体性，让农民真正当家作主。村民自治不仅仅是制度，更是实实在在的具体事务，在关系到农民切身利益的乡村建设中，充分发挥农民的积极性，才能提升村民自治的能力。再次，要激活群众组织，让群团组织有事情做，从而产生凝聚力。要发挥村庄中妇女、青年、老年等各种人群的作用，就需要相应的组织去发动，使其产生集体的行动。

第二，针对不同地区的需求，建立组织培育机制。不同地区的组织需求会存在差异，经济比较活跃地区对于合作经济组织会有较多需求，而一些劳动力外流的村庄由于留守老年、妇女和儿童数量较大，需要更多的服务型组织。相对发达地区组织体系往往比较发达，村民自组织能力较强；而发展速度慢的地区往往组织发育比较弱，村民自组织能力相对弱。组织振兴要有针对性地培育乡村组织，提升乡村的组织能力。比如一些地区电商发展较快，从事电商的农民需要组织起来以满足电商对技术、市场、金融的要求，保护自身的权利；一些村庄将中老年村民组织起来，开展老年人的互助活动，身体好的老人照顾身体不好的老人，低龄老人照顾高龄老人，不仅缓解了老人照料的困难，也为老年人积攒了今后享受被照顾的权力。分析当地需求，有针对性地培育社会组织，才能满足农民的需求。

第三，培育组织的带头人。组织的发展离不开带头人的作用，政府应将组织带头人的培育纳入乡村振兴的人才计划，通过对有能力且有意愿发挥带头作用的乡村能人提供系统的培训，加快带头人的成长过程。带头人的培养包括两个方面，一个是对现有组织的领导、召集人的培养，通过培养提升组织带头人的能力，从而激活现有组织，使之能够更好地服务于乡村振兴；其次是对乡村能人的培养，要通过培养，激发他们组织群众、带领群众的愿望，帮助他们组织农民或成为组织的带头人，促进乡村组织的成长和繁荣。

乡村振兴的实质是农民的发展，而农民的发展离不开组织，在中国特色的农业农村现代化过程中，组织振兴具有特别重要的意义。要通过组织振兴促进乡村的产业发展、汇聚人才、活跃乡村文化和保护乡村的生态环境，组织振兴是通向乡村治理体系和治理能力现代化的道路。

三、组织振兴的途径

组织振兴需要建立健全乡村的组织体系，发挥组织功能，提升乡村的组织化水平。中共中央办公厅、国务院办公厅联合印发的《关于加强和改进乡村治理的指导意见》中明确指示，要"建立以基层党组织为领导、村民自治组织和村务监督组织为基础、集体经济组织和农民合作组织为纽带、其他经济社会组织为补充的村级组织体系"。在组织振兴中，核心的目标是提升乡村治理体系和治理能力的现代化，核心的问题是确立组织的领导体系、完善组织网络、健全组织机制、发挥组织功能。

乡村振兴牵涉方方面面，确立党的领导是关键。脱贫攻坚和乡村振兴的经验都表明，要想脱贫致富，实现乡村振兴，离不开一个带动能力强的基层党组织。提升党组织的领导能力首先要选好党组织的带头人。乡村振兴对基层党组织带头人提出更高的要求，他们不仅要有奉献精神，愿意为群众工作，同时还要有能力，懂经济、善管理，能够带动群众。为了选拔出合格的带头人，一些地方开始动员在外经营多年的党员干部回村任职，将其经验和能力贡献给家乡；一些地方不再局限于本村产生党组织带头人，而是通过公开招聘，将村庄之外有能力的人才推举到基层党组织书记的位置上；也有一些地方将乡镇干部下沉乡村兼任乡村党组织书记，以解决村庄人才不足问题。总之，选好一个基层党组织的带头人，可以更好地保障党组织的带动和领导作用。但是仅仅依靠一个好的带头人远远不够，需要将优秀的人才吸收进入党组织。只有更多的优秀人才加入党组织，充分发挥党员的模范作用，才能提升党组织的领导能力。2019 年中共中央印发《中国共产党农村基层组织工作条例》明确要求"抓好发展党员工作，加强党员队伍建设"。各地党组织重视农村党员发展工作，特别是重点发展有较高学历的、返乡创业和复转军人党员，改善党员的结构。到 2021 年底，全国农牧渔民党员共有 2592.3 万人，占全国党员总数的 27%。在发展党员的同时还要纯洁党组织，将那些不能发挥作用的党员清理出党，如一些"带病入党"的党员、一些通过不正常手段进入党内并把持权力的村霸，还有一些长期不参加组织活动的党员。加强和整顿党组织有助于进一步发挥党组织的领导力。

推动乡村振兴还需要健全组织体系，在党组织的领导下，村庄的各个组织发挥各自的功能，形成发展的合力。与传统组织不同，现代社会的组织往往具有更强的专业性，由特定人群组成，满足社会特定的需求。按照《关于加强和改进乡村治理的指导意见》的要求，健全乡村的组织体系主要包括四类组织，即村民自治组织、村集体经济组织、农村经济合作组织及其他各类社会组织。村民自治组织有明确的村民委员会组织法的指导，是村民实现民主选举、民主决策、民主管理、民主监督的组织。围绕村民自治，有村民委员会、村民大会、村民代表大会、村民议事会、村民监事会等许多组织，其核心就是要有一个热心服务村民的村委会，同时有一个村民表达意见、参与监督的议事机构，让村级事务真正受到村民监督。村级的重要组织还有村集体经济组织。村集体经济组织不同于一般的经济组织，是代表村民管理集体资产的组织，在某种程度上与村委会类似，发挥着村庄的公共管理职能。但是与村委会不同，村集体经济组织不仅有公共管理职能，还有经营职能，随着集体经济组织的经营性资产增加，一些村集体经济组织要开展经营活动，这使得村集体经济组织与商业公司有相似之处，要通过经营活动实现集体经营性资产的保值增值，这种复合的职能无疑对村集体经济组织提出了更高的要求，因为管理非经营性资产和经营性资产的工作重点有很大差别，经营活动要进入市场，存在收益和风险，需要不同于村庄领导的企业家精神。

农民专业合作社则是市场化的组织。随着农村经济市场化水平的提高，单独的小农户越来越难以进入市场，也难以应对市场的风险，发展专业合作社可以将分散的小农户组织起来与市场对接。与传统的乡村组织不同，专业合作社是基于市场机制建立起来的，因此其成员更加多样，有企业家型的农民，也有一些资本雄厚的合作社成员，还有大量小农户。多样化的农民通过利益连接在一起，在合作社中发挥着不同的作用，这就需要合作社有比较完善的治理结构，形成合作社内利益共享的机制。合作社与其他乡村组织不同的地方还在于其横向的关系网络。专业合作社是农民的经济组织，需要建立广泛的市场关系，与金融、客户、科技等专业部门有着密切的往来，具有市场主体的身份；但是作为农民的合作组织，专业合作社也需要地方政府的支持。能否发展高质量的专业合作社，对于小农户的现代化、对于保护小农户的利益以及实现农业强国的目标，都有着重要的影响和意义。

乡村发展带来乡村居民多方位的需求，需要有更多的社会组织去满足，比如维护权利、相互帮助和文化娱乐，都需要组织支持。在乡村振兴中，需要活化已有的组织，同时发育新的组织。比如妇女组织是乡村的重要组织，许多村庄都有妇联机构，在维护妇女权益中有重要作用，但是一些地方村级的妇女组织有名无实，村妇联主任很少发挥作用。在乡村振兴中，特别是留守妇女较多的村庄，激活妇女组织非常重要，其不仅能够维护妇女的权益，而且能带动妇女发展产业，提升能力，丰富文化生活；与妇女组织相似的是青年组织，激活青年组织对于活跃乡村青年的社会文化生活、提升乡村青年的能力有着积极作用。一些乡村还自发产生了一些群众自组织组织，如老年人的组织，一些地区成立老人会，不仅为老人提供休闲娱乐，还为老人从事小额的金融活动提供平台，让老人的养老资金通过村内借贷的方式增值，提升老人的生活质量；还有一些老人用自己的经验和权威参与村庄治理，评判村民的日常行为，监督干部的工作作风，从而成为乡村治理的重要力量。

在现代化过程中，乡村的人员构成越来越多样化，需求也更加丰富，需要更加多样化的组织去满足农村居民的需求。这里不仅有正式的社会组织，如群团组织，也有许多非正式的组织。比如随着乡村旅游发展，越来越多的民宿进入乡村，一些地方的民宿投资者组织起来，参与村庄的垃圾分类、卫生整治工作，推动了乡村的环境治理；一些村庄年轻人组织起来进行篮球训练并参与地区性的篮球比赛，在这个过程中增强了村庄的凝聚力，也增加了青年的社会交往，提升其乡村生活满意度。

组织振兴是乡村治理的核心，因为只有众多的组织才能满足乡村居民的需求，提供村民参与乡村治理的渠道，保护村民的利益；

只有建立起组织网络，组织之间才能各负其责，发挥综合作用；只有确立党组织的领导地位，才能对众多的组织提供有效的支持和引导，实现乡村治理体系和治理能力的现代化。

四、组织振兴推动乡村治理现代化

组织振兴是乡村治理现代化的基础，但并不是乡村治理现代化的全部。乡村治理体系和治理能力现代化的重点是建立新的国家、集体与农民个体的关系；推动法治、自治和德治融合；建立精准服务机制；实现中华优秀传统文化、党的农村工作传统与现代治理体系的相互结合。这些都需要组织保障。

传统的乡村集体曾经为脆弱的小农户提供了保护，随着战争和人口流动，在中华人民共和国成立以前，乡村的衰落和解体严重影响了农民的生活。1949 年以后，人民公社组织体制同时发挥了双重作用，一方面农民被组织起来，通过经济和超经济手段，提升了乡村集体的行动能力；另一方面强化了国家对乡村的控制，弱化了农民个体的行动能力。农村改革释放了农民个体的活力，但是农村集体的行动能力相应减弱，国家放松了对农村集体和个体的控制，使乡村社会的运行更多依靠市场秩序和乡村自治。进入 21 世纪以后，国家成为乡村公共服务的提供者，并通过强化乡村集体的服务能力以强化乡村集体在乡村治理中的作用。在新的制度背景下，农民个体的权利得到保护，乡村治理以满足群众需求为目标，在保障农民个体权利的基础上，实现了乡村集体能力提升和国家行政权力下沉基层。乡村治理现代化在以服务群众为目标的基础上，重构了国家、集体和农民三者的关系。

乡村治理要实现法治、自治和德治的融合。法治标志着国家的正式权力在乡村治理中的作用，为乡村治理确立了底线。法治代表着最基本的要求，是不能违背的。但仅仅遵守法律是不够的，乡村治理需要许多高于法律规定的要求，比如村庄居民之间的互助远远超出了法律所规定的标准才能维系乡村社会的运行。而且法律是标准化的，难以适应乡村治理的多样性，在许多时候，遵守法律程序也是高成本的，因此要在法治基础上融入乡村自治，也就是依照乡村的自我规范来管理乡村事务。乡村自治要能够发挥作用就需要有被大多数村民所认可的规范和秩序，并基于这些规范和秩序形成社会的压力，由此有德治的产生。现代化的乡村治理不是单一手段的治理，而是各种治理力量综合发挥作用的结果。在乡村治理体系现代化过程中，不仅要推进法治、自治和道德准则的现代化，同时要使它们在现代化过程中相互融合，发挥合力。

乡村治理体系和治理能力现代化体现为精准治理。精准治理要处理好乡村居民的一般需求和特殊需求的关系。乡村治理要满足群众需求，提供群众所需要的服务。在治理能力较弱的时候，只能满足村民的一般需求，难以顾及个体化的需求。随着乡村治理能力提升，乡村治理要能够满足村民个体化的需求，实现精准治理。精准治理就需要乡村治理去精英化，过去只是需要少数的带头人凭借个人魅力把村民拢在一起，提供统一的服务；而要提供差别化的、有针对性的服务，仅仅依靠少数人的努力就不够了，需要有更多的乡村居民组织起来，依靠集体的力量，提供差异化的、精准的服务。在这个意义上说，乡村治理现代化不是简单的标准化治理，而是在多样性基础上实现差异化的治理。

最后，现代化的治理体系和治理能力都是从原有基础上生长出来的。乡村有三种治理资源，首先是长期的乡村自治传统，当农民定居下来，因为生产和生活的需要组建成村庄以后，就逐渐产生了乡村的自治传统，在国家难以提供公共物品的乡村，村民需要依靠集体的力量克服生产生活中的各种问题，在这个过程中形成了村庄的权威、村庄的制度和规范。尽管这种传统受各种力量的冲击而逐渐弱化，但是只要村庄存在，这种自治的传统就会或强或弱地存在。中国共产党开展农村工作近一个世纪，特别是在 1949 年以后，党的工作覆盖全部乡村，由此形成了党的农村工作传统：群众路线，通过发动群众实现乡村治理目标；上下联动，从党的高层到基层乡村，通过自上而下的压力传导，在较短时间内动员强大的力量；以及决策上的民主集中制，通过广泛征求意见并由决策者做出最终决策。党的农村工作经验已经成为乡村治理中重要的传统，被广泛应用于乡村治理。此外，中国推进现代化的过程中也在乡村建立了现代化治理体系，如带有科层制特征的基层政府，以及来自国家授权的制度和权力。带有科层制特点的现代化治理体系在贯彻上级决策、遵循制度安排方面有着特有的优势，但在现实中也会有僵化、形式主义等弊端。乡村治理现代化要在继承原有治理资源的基础上，推动三种治理资源进一步融合，从而促进乡村振兴。

后 记

本书的写作经历了较长时间，感谢向德平教授的组织和邀请，让我们有幸参与这套丛书的写作；感谢黄承伟研究员对书稿的系统修改建议，让我们终于完成这部书稿。此外，还要感谢武汉出版社的张荣伟、刘沁怡两位老师的细心指导和编辑。

王晓毅完成了本书的导言、第二章和结语部分；王红艳完成了第一章和第三章；蒋培完成了第四章、第五章和第六章。

我们在写作过程中，感到纠结与困难的地方在于，乡村治理是一个宏大的主题，涉及乡村的方方面面，要在有限的篇幅中讨论清楚是一个巨大的挑战；其次，乡村治理处于不断变化的过程中，不断有新的政策和新的经验更新我们的认知；同时中国乡村具有多样性，每一个乡村都是一个不同的故事，如何抽取出这些故事的逻辑，且是真实的逻辑，对我们的认识能力是个巨大挑战。在此，我们不揣浅陋，将我们尚不成熟的一些思考贡献给读者，希望能给读者一些启发和知识，也期望来自读者的批评和指正。

本书在写作过程中，得到中国社会科学院"长城学者计划（编号：CCVXZ002）"的支持。

王晓毅

2024 年 11 月 3 日